Milan Esten von Funcke

Liebe
das Jahrtausendmißverständnis

VERLAG PETER ERD · MÜNCHEN

Die Deutsche Bibliothek – CIP-Einheitsaufnahme
Funcke, Milan Esten von:
Liebe – das Jahrtausendmißverständnis/Milan Esten von Funcke. –
München: Erd, 1992
ISBN 3-8138-0253-1

Umschlaggestaltung: Atelier Nittner, München

Fotosatz: Uhl+Massopust, Aalen
Druck und Verarbeitung: Wiener Verlag, Himberg bei Wien
Printed in Austria
ISBN 3-8138-0253-1

Inhalt

Bevor die Liebe in die Welt kam

Bevor die Liebe in die Welt kam, gab es natürlich auch schon Männlein und Weiblein, die Sexualität (das ist der feine Unterschied) ist schließlich allen Lebewesen eingepflanzt – apropos eingepflanzt: Sogar Pflanzen haben ihre Sexualität, wenn sie vermutlich auch keinen besonderen Spaß daran haben, aber »Befruchtung« ist eben die einzige Möglichkeit, die verschiedenen Arten zu erhalten, seien sie nun so gefühlsempfindlich wie wir Menschen (oder auch die Tiere) oder so indifferent dabei wie der Löwenzahn.

Liebe ist eine Erfindung des Menschen (»Gefühle« haben auch Tiere), in der Schöpfung ist sie eigentlich nicht vorgesehen, weil unnötig und auch eher störend. Als sich vor Abertausenden von Jahren, lange bevor irgendeine Form von Kultur entstanden war, unsere Vorfahren zum Zwecke der Vermehrung miteinander beschäftigten, hatte das mit so etwas Künstlichem und letztlich Lächerlichem wie Liebe nicht das geringste zu tun.

Die Urmenschen verhielten sich nicht anders, als sich die Affen heute noch verhalten, die stärksten Männchen begatteten (daher kommt übrigens das unsägliche Wort: Gatte/Gattin) die Weibchen, der (nicht minder lüsterne) Rest ging leer aus. Erst wenn der/die Führer der Horde Ausfallerscheinungen zeigte(n) und damit die Herrschaft verloren, ging auch das Recht auf »Benutzung« der Weibchen an die neue Generation über.

So etwas Sinn- und Nutzloses wie Gefühl spielte dabei überhaupt keine Rolle. – Der Unterschied zu heute ist gering, nur die Muskelkraft wurde inzwischen (fast überall) durch Geld oder durch Macht und Einfluß – aber das ist letztlich ja dasselbe – ersetzt.

Es sind übrigens immer noch »die Stärksten«, die die schönsten und anregendsten Weibchen begatten, nur bleibt inzwischen auch für den Rest der Männchen noch etwas übrig, nämlich die weniger begehrenswerten Weibchen, das liegt an der inzwischen erheblich gewachsenen Population: So viele Sexualpartner wie vorhanden sind können die oberen fünf Prozent eben nicht konsumieren – das war damals in der Horde noch anders.

Als sich die Menschen ganz allmählich so etwas wie Kultur geschaffen hatten, kam auch der Besitz ins Spiel. Aus der umherwandernden Horde, immer auf Jagd, immer gefährdet durch die feindliche Umwelt (Sammler und Jäger), waren allmählich seßhafte Ackerbauern geworden. Plötzlich besaß (darauf sitzen) der einzelne etwas, eine Hütte, das Stückchen Land, das er bebaute – und jetzt wurde aus den Weibchen, die denen gehörten, die die Horde führten, Einzeleigentum, sie gehörten jetzt dem, der sie ernährte. (Auf die Zeiten des Matriarchats komme ich in einem anderen Kapitel.)

Es begann die Zeit der Sippenbildung. So wie vordem Vaterschaft, ja selbst Mutterschaft unbedeutend waren, die Kinder waren einfach die Kinder der Horde, so bildete sich in dieser Zeit die Bedeutung der Verwandtschaft heraus. – Vielleicht hat es damals auch schon die ersten »Anfälle« von Liebe gegeben. Irgendeine Bedeutung hatte das aber sicher noch nicht.

Jeder, der mit dem Existenzminimum vor sich hin darbt, wird Ihnen gerne bestätigen, daß Liebe reiner Luxus ist. Wer von Hunger, Obdachlosigkeit, Krankheit, Krieg oder Folter bedroht ist, denkt ans Überleben und nicht an Gefühle.

Liebe, das ist etwas für die Satten, die Reichen, die Müßiggänger, für Menschen ohne echte Probleme – und Satte, Reiche und Müßiggänger gab es eben erst mit der Entwicklung von Kultur, denn Kultur heißt auch immer die Herrschaft einiger über den Rest, heißt Abschöpfung eines mehr oder weniger großen Teils dessen, was andere erarbeitet haben – und logisch, wer selbst nicht arbeiten muß, hat Zeit für Überflüssiges.

Immer nur regieren und ausbeuten ist auf die Dauer aber auch langweilig, also erfand man(n) erst die Religion, die ja auch praktisch nutzbar war, denn letztlich dient Religion, wenn sie erst einmal etabliert und allgemein eingeführt ist, immer den Herrschenden (denken Sie bitte an den Unterschied zwischen dem Urchristentum und der römischen Kirche als Staatsreligion) – und dann endlich erfand man(n) die Liebe!

Jetzt konnte endlich gelitten werden, gerast vor Eifersucht, geschmachtet und gebalzt, daß es eine Freude war. Die ganz normale, dem Menschen wie dem Tier eingepflanzte Sinnlichkeit, einzig und allein dazu gedacht, die Art zu erhalten, war jetzt etwas Metaphysisches, Unbegreifliches.

Die gar nicht geheimnisvollen Signale, die Frauen aussenden, um auf die Notwendigkeit der Paarung hinzuweisen – als da sind: breite Hüften, ein üppiger Busen und wohlgerundeter Po, eine glatte Haut, gesunde Zähne, schimmerndes Haar –, die ursprünglich nichts anderes mitteilen sollten als daß die Gewähr gegeben sei für eine optimale, weil kräftige und wohlgeratene Nachkommenschaft, waren plötzlich ein Grund geworden, den Verstand zu verlieren, nebst gelegentlich Besitz, Ehre und Achtung der weniger verrückt gewordenen Mit-Männchen.

Ja, vor ein paar Jahrtausenden begannen die Menschen (insbesondere die Männer) sich einzubilden, es gäbe die Liebe, und daraus entstand alles Unglück auf dieser Welt – neben den normalen, ohnehin schon vorhandenen Geiseln der Menschheit wie Krieg, Seuchen, Hunger, Naturkatastrophen. Aber so ist der Mensch – er will immer mehr.

Möge Ihnen dieses Buch helfen, einen Teil Ihrer Blindheit abzustreifen und mit dem Phänomen Liebe wenigstens etwas vernünftiger umzugehen.

Adam und Eva

Das paradiesische am Paradies war die Abwesenheit jeglicher Konkurrenz, und Eva konnte Adam nicht betrügen (natürlich auch umgekehrt Adam die Eva nicht), deshalb wollten sie auch möglichst schnell raus aus diesem Garten Eden. Denn, seien wir doch einmal ehrlich, in Wirklichkeit gibt es doch nur zwei Dinge, die die Menschen wirklich beschäftigen, das sogenannte »Thema Nr. 1« und Geld.

Geld und Macht aber sind für einen Mann letztlich nur Mittel, seine »Potenz« zu erhöhen. Die Männer würden, gäbe es keine Frauen, faul und friedlich vor sich hinleben (zumindest solange genügend Nahrung und Schnaps vorhanden sind), lediglich der Kampf um die ach so begehrenswerten Weibchen bringt sie dazu, zu kämpfen, Streß auf sich zu nehmen und in blödsinnigem Imponiergehabe vor den Frauen (und den anderen Männchen) einher zu stolzieren.

Macht und Geld müssen dazu herhalten, mangelnde Schönheit, Kraft und sexuelle Ausstrahlung zu ersetzen, und weil Frauen nur am »Besten« interessiert sind, bemüht sich jeder Mann (abgesehen von ein paar Weisen), dieser Beste oder wenigstens einer der Besten zu sein, und das führt zu einem gnadenlosen Konkurrenzkampf.

Der Verlust des Paradieses führte nicht nur dazu, daß die Männer (Adam) plötzlich genötig waren zu arbeiten, die Ernte (der Gehaltsscheck oder der Kontostand) mußte auch höher sein, als die der anderen, der Mitkonkurrenten um weibliche Gunst.

Evas Apfel ist nur ein Synonym für die Neugierde der Frauen auf etwas anderes, der sichere Instinkt dafür, daß das, was der Mann neben ihr zu bieten hat, nicht alles sein kann. Was sie nicht wußte, nicht wisen konnte, ist, daß die Unterschiede zwischen Männern marginal sind. Sie wußte zwar, daß der Lustgewinn, den ihr der Partner vermittelte, in keinem Verhältnis zu dem stand, was sie empfinden hätte können. Was sie nicht wußte ist, daß andere (mit ganz, ganz wenigen Ausnahmen) auch nicht mehr zu bieten haben.

Und als sie es endlich begriffen hatten, die Evastöchter, da sagten sie sich, gut, uns Vergnügen zu bereiten, sind sie nur sehr begrenzt in der Lage, die Adamssöhne, dann sollen sie wenigstens für ausreichend soziale und wirtschaftliche Sicherheit sorgen, und damit die Nachbarin sehen konnte, daß sie (denn die Konkurrenz war ja nun einmal in der Welt) den »Besseren« bekommen hatte, mußte das Fell, das er ihr umhängte, etwas schöner sein als das der anderen Frauen, die Hütte etwas prächtiger und der Fleischtopf etwas voller.

Nun sind zwar alle Männer dumm (wenn es um Frauen geht), aber mit ein paar Sinnen sind sie doch begabt, und da Männer besser sehen und fühlen können als denken (wenn es um Sexualität geht), sagten sie sich: »Wenn ich schon arbeiten muß, zum Beispiel auf dem Felde, wenn ich mit wilden Tieren kämpfen muß, dann soll es sich wenigstens lohnen, dann will ich auch eine ›schöne‹ Frau«, und so kam es, daß die Tapfersten und Tüchtigsten die begehrenswertesten Frauen »eroberten« – die sie dann mit den Früchten ihrer Arbeit und bestandenen Gefahren bezahlten. Die Feiglinge und die Ungeschickten bekamen das, was übrigblieb, nämlich die eher unansehnlichen Frauen, um nicht zu sagen die häßlichen; dadurch entstand so etwas wie Auslese im negativen und im positiven Sinne – und das nennt man Evolution.

Wir können also feststellen, daß alle Untaten, die Männer begangen haben und noch begehen, alle Kriege, Ausbeutung, Sklaverei, ja selbst die Zerstörung der Umwelt, die gleich nach der Vertreibung aus dem Paradies begann (wußten Sie, daß einst ganz Europa, vom Süden bis zum Norden, mit Wäldern bedeckt war, über und über grün? – um nur ein Beispiel zu geben), nur von dem Zwang herrühren, Frauen zu imponieren, sie zu »erobern« und zu behalten. Allerdings rühren daher auch alle Großtaten, alle Erfindungen, die Dichtung, Musik, Malerei und was sonst noch Positives von der (männlichen) Menschheit geleistet wurde.

Jeder Mann weiß, daß er nicht mehr als zwei oder drei Steaks essen kann (maximal) und auch die zweite Flasche Whiskey bereitet schon Schwierigkeiten, warum sollte er sich also krumm arbeiten? Nein, wir würden heute noch gemütlich auf den Bärenfellen liegen, ein Krüglein Met in der Hand und eine urtümliche Landschaft vor uns – wären da nicht die Frauen. Allerdings, kein Gedicht wäre jemals geschrieben worden, und die Musik wäre nicht über die Hirtenflöte hinausgekommen, wäre da nicht der Zwang, einer Frau zu beweisen, daß man der »Bessere« ist. Die Museen wären leer. Jedes gute Aktbild ist (sozusagen) mit dem Phallus gemalt und nicht einfach mit einem Pinsel.

Also, um der Wahrheit die Ehre zu geben, wir säßen alle heute noch in Höhlen oder gar auf den Bäumen ohne diesen Zwang, den die »Klugheit« der Frauen auf die Männer ausübt, allerdings in einer heilen Umwelt und ohne Atombomben oder andere »Errungenschaften« der Kultur. – Und langweilig wäre uns. Das Leben wäre ein langer ruhiger Fluß ohne Katarakte und Wasserfälle, ohne Stromschnellen und Sümpfe und auch ohne tote Seitenarme.

Womit also nun bewiesen wäre, daß die Liebe die eigentliche »Erbsünde« ist. Wären wir in der Lage, dieses Phänomen als das zu begreifen, was es ausschließlich ist, nämlich der Versuch, aus einem natürlichen, zeitlich begrenztem Bedürfnis eine durch allerlei Hirngespinste erhöhte und überhöhte Gefühlskatastrophe zu machen, es gäbe kein Höllenleid (allerdings auch keine Himmelsfreude).

Man bedenke, der Mensch ist das einzige Lebewesen, dessen Fortpflanzungstrieb (mehr oder weniger) ununterbrochen besteht. Alle Tiere (und selbst die Pflanzen) haben eine begrenzte Zeit, in der sie sich fortpflanzen, und können die übrige Zeit unbehelligt von diesem Trieb leben. – Wann bekämpfen sich die Männchen in der Tierwelt? Ausschließlich in der Brunft – es sei denn, die Nahrung wird knapp – denn außer der Sexualität gibt es nur noch einen Trieb, der gewalttätig macht, der Trieb zu überleben.

Mithin, was zu beweisen war: Der sinnlose Kampf aller (Männer) gegen alle rührt nur von der Sucht der Frauen her, den »Besten« (bzw. den Bestmöglichen) zu bekommmen und nur diesen zu erhören. Leider merken diese, ach so begehrenswerten Wesen, immer dann, wenn sie den einen um den Verstand gebracht haben, daß es noch einen anderen »Besseren« gibt, und wenn sie den bekommen können, dann tauschen sie auch – und zwar ohne Skrupel. Was mit dem Vorgänger geschieht? – Ja, der hat Pech gehabt!

Warnung an die Männer:
Glauben Sie nicht, meine Herren, es genüge, beispielsweise reich zu sein, es gibt immer einen, der auch reich ist und dazu noch jünger oder schöner. Übrigens: Schönheit ist (durch eine noch immer nicht gelöschte Erbinformation) nichts anderes als das Versprechen von Sexualkraft. – Beim Manne handelt es sich heutzutage allerdings meist um eine Mogelpackung.

Göttervater und große Mutter

Diese Welt war einmal voller Götter und Göttinnen, zwar hatten die Juden schon relativ früh den Monotheismus »erfunden«, aber was da an einem winzigen Fleckchen der Levante von einem ohnehin als etwas absonderlich geltenden Völkchen geglaubt wurde, interessierte sonst eigentlich niemanden in der Welt der Antike.

Für jeden Teilbereich gab es eine Gottheit, die zuständig war, und ganz gleich, um welchen Kulturbereich es sich handelte, die Götter waren mehr oder weniger von derselben Art. Überall gab es einen Kriegsgott, eine Liebesgöttin (merken Sie den feinen Unterschied, für den Krieg ist der Mann zuständig, für die Liebe die Frau), es gab die Göttin für die Natur und den Gott für die Kunst (auch klar, Natur ist weiblich, Kunst ist »unnatürlich« und damit männlich), es gab Dutzende, in manchen Kulturbereichen Hunderte von Göttern/Göttinnen, aber immer und überall thronte an der Spitze der Hierarchie, ein Göttervater als überirdische Manifestation, so daß das Matriarchat durch das Patriarchat abgelöst worden war, denn vordem herrschte die »große Mutter« in allen Weltgegenden. Das Leben war zuvor matriarchalisch geordnet gewesen, also auch die Götterwelt. Jetzt aber gab es da einen, der donnerte und blitzte, der strafte, seltener belohnte und sich, ganz nach Männerart, äußerst willkürlich benahm.

Eines aber hatten diese Bewohner von Himmeln oder hohen Bergen in allen Weltgegenden gemeinsam, sie waren in ihren »Bedürfnissen« äußerst menschlich; besonders im Bereich der Sexualität. (Kennen Sie die indischen Tempelfriese, die wohl alle denkbaren Variationen der »Vereinigung« darstellen, ausgeführt von Göttern und Göttinnen?)

Liebe allerdings paßte nicht zu den Unsterblichen, denn die Liebe ist eine so unlogische Erfindung der Menschen, daß sie nicht wagten, diesen Unsinn auch den Göttern anzudichten. Anders ist das mit Verliebtheit; Verliebtheit ist etwas, was jeder und jedem zu jeder Zeit widerfahren kann; Liebe aber ist eine Erfindung derer, die – unvernünftig wie Kinder (oder wie Menschen) – wollen, daß alles, was schön ist, auch dauert.

Das, was Menschen »glauben«, spiegelt sich in ihrem Verhältnis zu ihrer Umwelt und zu ihren Mitmenschen; somit sind auch (körperliche) Liebe und Religion einer Wechselwirkung unterworfen. Es ist eine Tatsache, daß über Jahrtausende die Sexualität in all ihren Spielarten völlig unverkrampft gesehen wurde, was im übrigen auch die Kulte, die überall gefeiert wurden, verdeutlichen.

In Babylon gingen etwa 1000 Tempelhuren ihrem Gewerbe im Heiligtum der Ischtar nach, und jede Frau mußte diesen »Dienst« einmal in ihrem Leben ausüben. Das heißt, sie mußte sich einem Fremden hingeben, für den Preis, den er zu bezahlen bereit war, zu Ehren der Göttin und zum Nutzen der Tempelkasse, und sie mußte so lange im Tempel bleiben, bis sich einer fand, der bereit war, ihr beizuwohnen – und dafür zu bezahlen. Es heißt, daß manche Frauen sehr, sehr lange dort sitzen blieben. (Wir kennen ja alle noch das Kinderspiel: Ich sitze hier und schneide Speck, und wer mich lieb hat, holt mich weg.)

Bei den Dionysosfesten im alten Griechenland zogen die Frauen, mehr oder weniger bekleidet, mit einem riesigen Phallus durch die Straßen, geißelten sich, tranken und jagten die Männer, die ihnen in die Quere kamen, zu Ehren des Gottes der Fruchtbarkeit.

So ähnlich ist es übrigens heute noch im rheinischen Karneval, am »Weibertag«, nur daß sich die Frauen heutzutage nicht mehr geißeln, aber daß jedem Mann, der ihnen in die Quere kommt, die Krawatte abgeschnitten wird, hat deutliche Beziehung, wenn auch gegensätzliche (Kastration), zum Phalluskult.

Wenn man den Schriftstellern der Antike glauben darf, dann haben sich bei den Mysterien genannten Festen, zu Ehren des Gottes, Orgien abgespielt, die die Phantasie unserer heutigen Pornoproduzenten bei weitem übersteigen, vor allem was das unverkrampfte Vergnügen angeht.

Religion und Sexualität waren also nicht nur vereinbar, manchmal verlangte die Religion sogar das Ausleben dieser, ursprünglich völlig natürlichen Triebe, bis hin zum Orgiastischen. Vor allem, weil es ja auch die Götter auf jede nur denkbare Art miteinander trieben – und nicht nur miteinander, sondern auch mit den Sterblichen – und die Menschen gingen hin und taten desgleichen.

Die Lust war etwas so Selbstverständliches (und Notwendiges) wie Essen, Trinken, Schlafen und Arbeiten. Es mußte erst das Christentum kommen, um den Menschen die Freude an der Sexualität zu nehmen, und an die Stelle paradiesischer Unschuld (das heißt unschuldiger Geilheit), die absurden Ideen von Keuschheit, Sünde und Strafe zu setzen.

Die Regulierung aller menschlichen Bedürfnisse und die Kontrolle darüber ist ja, bekanntermaßen, ein wesentliches Kennzeichen aller totalitären Herrschaftsformen; aber keine Diktatur und kein Gewaltherrscher haben es jemals gewagt, sich auf eine Art und Weise in den privatesten Bereich der Untertanen einzumischen, wie das die Kirche getan hat und immer noch tut.

Man denke: Der Papst verbietet selbst dort Kondome, wo einer der Ehepartner mit Aids infiziert ist.

Eigentlich ist es also ganz einfach zu erkennen, wie menschenfreundlich eine Regierungsform ist. Die Geschichte zeigt: Jedes Regime, das lustfeindlich ist, ist auch immer menschenfeindlich und dasselbe gilt natürlich auch für Religionen; so wie heidnisch fast immer für Lust steht, so steht christlich immer für Unlust. Die Kirche hat, ausschließlich zu ihrem eigenen Nutzen, die irdische Liebe durch eine »himmlische« ersetzt, den Körper durch den Geist. Dabei wissen wir doch seit der Antike (mens sana in corpore sano), daß nur in einem gesunden Körper ein gesunder Geist wohnt.

Die Abkehr der Menschen von der Religion, mit Ausnahme der Weltgegenden, in denen Not und Hunger zwangsläufig dazu führen, sich als einzige Hoffnung an das Überirdische zu klammern, kommt nicht zuletzt daher, daß wir alle ganz gerne ein bißchen Freude und Lust schon in dieser Welt haben möchten, und nicht erst »drüben«, zumal noch niemand bewiesen hat, daß sich die vollmundigen Versprechungen der Oberhirten auch wirklich erfüllen – und Himmel und Hölle mehr sind als nur ein Reklamegag.

Du bist wie eine Blume

Natürlich sind wir alle auch ein Produkt unserer Erziehung und unserer Umwelt, das ist nicht neu, daß aber unsere Vorstellungen von Liebe in den prägenden Anfängen fast ausschließlich von den Medien bestimmt wurden, ist den meisten wohl nicht bewußt.

Das war zu allen Zeiten so, nur waren früher die Medien von anderer Art, da war es die Literatur, waren es die Märchen, die Sagen und vor allem waren es die Lieder. Bei den Liedern hat sich allerdings nicht viel geändert, nur sind es heute keine Volkslieder mehr, sondern Schlager oder »hits« und die Märchen liefert heutzutage das Fernsehen mit seinen Seifenopern.

Das falsche, das romantische, das verlogene Bild von der Liebe haben in erster Linie die Dichter zu verantworten, aber ebenso ihre etwas profaneren Kollegen von der schreibenden Zunft. In unserem west- und mitteleuropäischen Kulturkreis begann dieser Unsinn mit den Minnesängern und den angeblich so platonischen »Liebeshöfen«. Während sich die Herren Ritter fern in der Levante von den Sarazenen die Köpfe einschlagen ließen, zum Lobe des Herrn und mit der Gier nach Beute und Land, reisten die daheimgebliebenen »Künstler« (nämlich jeder, der eine Laute halten konnte) von Burg zu Burg, in der richtigen Erkenntnis, daß die gläsernen Phalli aus Venedig für die Damen auf Dauer kein ausreichender Ersatz sein würden. (Und diese Kreuzzüge dauerten ja doch immerhin jedesmal eine ganze Reihe von Jahren.)

Einen Höhepunkt der Verlogenheit erreichten wir dann mit der Romantik, und selbst noch ein so aufgeklärter und manchmal ironischer Dichter wie Heinrich Heine (der es hätte besser wissen müssen) verklebte uns noch die Ohren und, was schlimmer ist, die Herzen mit:

Du bist wie eine Blume
so hold und schön und rein
ich schau dich an und Wehmut
schleicht mir ins Herz hinein

Mir ist als ob ich die Hände
aufs Haupt dir legen sollt
betend daß Gott dich erhalte
so schön und rein und hold

Schön mag sie sein (obwohl das meist subjektiv ist), ob sie »rein« ist, das ist sehr die Frage, aber wenn ja, will sie es bestimmt nicht bleiben, sie will nämlich (wie jede Frau), daß ihre sexuellen Wünsche befriedigt werden, sogar und ganz besonders, wenn sie sie noch gar nicht kennt – und ob sie ihm hold ist, das hängt davon ab, was er zu bieten hat. (Heine war die Seine nicht hold, er war ihr zu arm.)

Diese und jede Art von Literatur hat Männer und Frauen über die Jahrhunderte völlig falsch informiert. Sie vermittelte ihnen ein Bild von der Liebe, das mit der Wirklichkeit und den Wünschen und Gefühlen (insbesondere der Frauen) nicht das mindeste zu tun hatte und hat. Ein Mann kann einer Frau (falls sie an ihm interessiert ist) nichts Schlimmeres antun, als sie auf ein Podest von Reinheit und »Heiligkeit« zu stellen, ein »Rühr-mich-nicht-an« aus ihr zu machen, während doch alles in ihr nach Lust und Befriedigung schreit.

Bis heute haben die Männer (fast alle) keine Ahnung von der Sexualität der Frau und davon, daß sie in der Körperlichkeit der Liebe immer Stümper bleiben werden. Die meisten Männer halten einen Orgasmus der Frau schon für die höchstmögliche Erfüllung, während es doch in Wirklichkeit das Minimum ist. Sexualathleten, die es auf dreimal oder mehr hintereinander bringen, halten sich für große Liebhaber, obwohl sie in Wirklichkeit nur Turnübungen absolvieren. Weil ihre, die männliche Befriedigung aus dem Körper kommt (und auch die nur aus einem mehr oder weniger kleinen Teil), glauben sie, in ihrer Unbedarftheit, es wäre bei den Frauen ebenso; während die Befriedigung der Frau doch in Wirklichkeit aus ihrem ganzen Bewußtsein kommt, auch aus ihren (Wach-)Träumen, Hoffnungen, Wünschen, eben aus ihrer gesamten Gefühlswelt.

Männer halten die körperliche Reaktion (und Abreaktion) für die Erfüllung, und die Frauen, um die Männer nicht zu verunsichern, behalten ihre Frustration für sich und wandeln sie um in eine Waffe, die sie exzellent anzuwenden wissen.

Merke: Es gibt keinen Mann, dessen Selbstbewußtsein und Selbstwertgefühl nicht auf diese Weise durch weibliche Schauspielerei oder Wahrheit aufgebaut oder zerstört werden könnte – und auch wird.

Fast alle Lieder (oder besser Musik mit Text) sind »Liebes-Lieder«; 25 Prozent handeln davon, wie schön und begehrenswert die Angebetete ist (ganz, ganz selten der Angebetete), 70 Prozent handeln von Liebesleid, von Verlassenwerden und Verlassensein und vielleicht fünf Prozent vom »Glück« der Liebe.

Aber noch schlimmer als Literatur und Lied ist der Liebesfilm, der von seiner Entstehung bis in die siebziger Jahre fast ausschließlich mit dem ach so beliebten Happy-End produziert wurde (daher auch Traumfabrik).

In der gesamten »Information«, der wir ausgesetzt sind – Literatur, Musiktexte, Film, Fernsehen –, wird die Liebe auf eine Art und Weise dargestellt, die mit der Wirklichkeit (fast) nichts zu tun hat. Der Mann ist immer der Werbende (richtig), der Erobernde (falsch), und wenn es wirklich einmal umgekehrt ist, dann ist das die Intrigantin, die »Böse«, dann ist das, so wird es uns suggeriert, falsch, unnatürlich und vor allem untypisch.

Bei den Männern bekommt der Gute, Anständige, Tapfere, ja sogar der Arme seine Traumfrau. Ach, fast hätte ich es vergessen, natürlich ist er auch »schön«, der Held. Es ist wahr, die Frauen lieben den Helden, weil er siegt, wie und warum er siegt, ist ihnen völlig gleichgültig und die »Schönheit« ist nur ein Synonym für funktionierende Sexualität.

Das typische (und ausnahmsweise nicht verlogene) Erfolgsmodell ist, um beim Film zu bleiben, Rhett Butler aus *Vom Winde verweht*: männlich, das heißt mit starker sexueller Kraft, die er unter anderem auch im Bordell beweist (und sogar beweisen darf), skrupellos, erfolgreich und damit reich.

Sein Gegenpol, der »anständige«, blutleere Ashley, bleibt nur solange ein Objekt der weiblichen Begierde (Scarlett), wie er als Aristokrat in einer funktionierenden Gesellschaft (dem amerikanischen Süden) einen höheren Stellenwert hat, als der »ehrlose« Rhett; sobald er durch den Untergang der alten Werte seinen gesellschaftlichen Status und damit Macht und Reichtum verloren hat, wird er uninteressant.

Die Liebe als Wille und Vorstellung (weiblich)

Frauen haben nur realistische Träume, großes (und damit immer unerwartetes) Glück verwirrt sie eher. Da »frau« ausgesprochen pragmatisch ist, weiß sie genau, daß der »Schönste«, der aufregendste Mann (der ja bei Licht besehen meist gar nicht so toll ist) gar nichts nützt, wenn sie ihn erstens nicht bekommen kann, und wenn er zweitens nicht für ihre Zwecke taugt.

Da aber die Träume vom Glück ganz allgemein sind, und Glück und Liebe von vielen Menschen, zumindest teilweise, als dasselbe angesehen werden, gibt es trotzdem eine Reihe von Überschneidungen der weiblichen mit den männlichen Träumen. Was Frauen in der Liebe und von der Liebe wollen, das unterscheidet sich allerdings deutlich von dem, was Männer sich vorstellen – daher kommt ja das ganze Unglück.

Die weibliche Lebensplanung ist immer noch ausgerichtet auf Mann, Heim und Kind (nicht unbedingt immer in dieser Reihenfolge), auf Sicherheit und Beständigkeit. Der glutäugige Abenteurer ist deshalb höchstens etwas für eine Nacht, denn wenn es länger dauert, wird es gefährlich – und Gefahr ist etwas, was Frauen gar nicht mögen.

Natürlich kommen, seit etwa 70 Jahren, mehr und mehr berufliche Pläne und Karrierewünsche dazu, aber das Urweib in ihr ist immer noch so stark, daß »frau« sich dem tief eingepflanzten Wunsch nach Kindern, nach einer sicheren Höhle und nach der »Sicherheit«, die ein (eigener) Mann bieten kann, nur schwer entziehen kann.

Wenn die nebulöse Schwärmerei, die sie als junges Mädchen für ein Bild oder eine Stimme hatte, vorbei ist (das ist die Zeit, wo sich die Jungens noch mehr für Fußball, Rangelei und Pornohefte interessieren), kommen sehr schnell schon ganz klare Vorstellungen (wenn auch noch aus dem Unbewußten gesteuert) über ihren Wunschmann zum Tragen.

Wie ihre animalischen Schwestern (gemeint sind weibliche Tiere – damit es hier nicht zu Mißverständnissen kommt) sucht sie instinktiv nach dem Besten, dem Stärksten, dem Klügsten, und zwar nicht aus Eitelkeit, noch nicht einmal aus Berechnung, sondern aus dem tief einprogrammierten Bedürfnis nur die, für die Erhaltung der Art am besten geeigneten Gene für die Fortpflanzung zu nutzen, und auch weil für die Brutpflege, für die Aufzucht der lieben Kleinen, ein starker Partner vonnöten ist – zur Nahrungsbeschaffung und zur Abwehr von Gefahren.

Eigentlich ist »frau« also gar nicht verantwortlich für ihr Tun oder Lassen, da der Wunsch nach Liebe zum Teil aus den Urtrieben kommt, zum Teil natürlich aber auch aus der Seele, denn auch Frauen haben eine Seele (doch, doch, wenn auch erst seit ein paar hundert Jahren – nach Ansicht der katholischen Kirche, aber darauf komme ich noch). Deshalb ist ihre Beziehung zum Manne immer eine gespaltene. Einerseits soll er, wie oben erwähnt, die einprogrammierten Bedürfnisse der Urfrau befriedigen, andererseits aber auch die Ansprüche erfüllen, die die moderne, denkende Frau an einen Partner stellt.

Weil die Männer aber so oder so nicht perfekt sind, macht »frau« Kompromisse, ist darüber unglücklich und verübelt dies ihm ein Leben lang. – Und das macht es so schwer, ein Mann zu sein – oder eine Frau, ganz wie Sie wollen.

Die Liebe als Wille und Vorstellung (männlich)

Männer sind viel unrealistischer als Frauen. Ihre Ziele sind immer (bis sie das Leben zurechtgeschliffen hat) zu hoch angesetzt, himmelstürmend.

Sie wollen entdecken, erfinden, haben, sie wollen so hoch hinaus wie möglich, der tollste Job soll es sein, das große Geld und – natürlich – die schönste aller Frauen. Fast nie stimmen ihre Ansprüche mit ihren Möglichkeiten überein. Natürlich führt das zu Niederlagen auf allen Gebieten, aber andererseits kann man auch nichts erreichen, wenn man vorher nichts gewollt hat.

Welche Karriere ein Mann macht, hängt im wesentlichen von seiner Leistung ab (ich weiß, es gibt auch Glückspilze, aber ehrlich, kennen Sie einen?). Berufliche Leistung und Geld gehen Hand in Hand, und natürlich hat auch der Erfolg bei Frauen, den einer hat (oder nicht hat), damit zu tun – und zwar weit mehr, als die Männer glauben. Aber zum Glück gibt es noch ein paar andere Möglichkeiten, an die Frauen heranzukommen, von denen alle träumen, außer Geld, Einfluß und Macht, zum Beispiel Schönheit (sehr selten bei Männern), Charme (auch nicht gerade häufig), sexuelle Ausstrahlung (einer der wenigen Punkte, wo man nicht mogeln kann, die hat man oder man hat sie nicht).

Es ist immer wieder ein Erlebnis zu sehen, wie ein »Aufreißer« mit Bierbauch, Halbglatze und wirklich dummen Sprüchen, ohne die geringsten Selbstzweifel, eine junge, hübsche Frau »anmacht«. (Ich gebe zu, für die so »Geehrte« ist es nicht ganz so amüsant.)

Man möchte meinen, ein Großteil der Männer hat keinen Spiegel zu Hause. Aber der Grund ist natürlich ein ganz anderer: Männer versuchen zu bekommen, was sie sich wünschen, und Frauen sind eben für die meisten zuerst einmal ein »Objekt der Begierde«. – Und erstaunlicherweise klappt »es« ja auch gelegentlich, man(n) muß es nur oft genug versuchen.

Natürlich verschieben sich die Wunschträume der Männer auf der Zeitachse. Während die ganz Jungen (die, die gerade anfangen, Männer zu werden) ganz einfach, unter möglichst tätiger Mithilfe eines weiblichen Wesens, versuchen, mit ihrem Trieb zurechtzukommen (die männliche Sexualität ist, wie an anderer Stelle erwähnt, am stärksten um das zwanzigste Lebensjahr herum), wollen die etwas Erwachseneren jemanden, mit dem man nicht nur lieben, sondern auch leben kann.

Der Wunsch nach einer Familie, nach Kindern, nach Treue und Beständigkeit ist, wenn sie sich erst einmal die Hörner abgestoßen haben, das Bestimmende. Natürlich soll sie immer noch möglichst schön (das heißt vorzeigbar) und sexuell anziehend sein, aber jetzt kommen eben doch auch ein paar Dinge hinzu, die mit Charaktermerkmalen und Persönlichkeitsstruktur zu tun haben.

Wenn es der Mann dann endlich geschafft hat, wenn er, so weit es ihm möglich ist, nach oben gekommen ist, dann beginnt auch schon die (fast) letzte Phase. Jetzt will er sich noch einmal – manchmal auch zum ersten Male – seine Wünsche von Liebe und Liebesglück erfüllen.

Von denen, die mittlerweile auf der Strecke geblieben sind, wollen wir hier einmal absehen, die müssen ohnehin bei dem bleiben, was sie haben, sind allein oder stellen eben keine Ansprüche mehr, weder an das Leben noch an die Liebe.

Nein, wir sprechen hier von den Erfolgreichen, von denen, die sich mit dem Inhalt ihrer Brieftasche, mit der Position, die sie erreicht haben, so ziemlich alles leisten und kaufen können – warum also nicht auch die Frau, von der sie schon als 15jähriger geträumt haben – und seien wir ehrlich, ist es nicht wirklich etwas Wunderschönes, endlich das, was man(n) sich ein Leben lang gewünscht hat, zu bekommen?

Ach, ihr armen Erfolgreichen, ihr armen reichen Männer, wenn ihr doch dafür, daß ihr bezahlt, nicht auch noch geliebt werden wolltet. Ware gegen Geld, das ist in Ordnung – und so habt ihr es ja auch gelernt, aber Liebe gegen Geld, wie soll denn das gehen?

Ratschlag an die Männer:
Träumt eure Träume, erhaltet sie euch so lange wie möglich, aber macht nicht den Fehler, Träume kaufen zu wollen; Liebe bekommt man nur für Liebe – für Geld bekommt man nur Ware. Und wenn ihr nicht (mehr) liebenswert seid, dann tut euch den Gefallen und gesteht es euch ein; es gibt ja auch noch andere schöne Dinge: ein alter Cognac, ein gutes Buch, das dritte Klavierkonzert von Beethoven, das ist doch auch etwas, oder?

Tausendschönchen

Es war einmal – so beginnen bekanntlich alle Märchen – also: Es war einmal ein Mädchen, das war so schön, daß die Menschen von weit her kamen, um es zu sehen, mit einer Haut wie Milch und Blut, mit goldenem Haar und Augen, so blau wie der Himmel... ach was, lesen Sie die Geschichte doch selbst nach.

Ich will hier zwar über das schreiben, was die sexuelle Anziehungskraft der Frauen ausmacht (so sie diese haben), aber dazu muß ich Ihnen ja keine Märchen erzählen, schließlich beruht diese Anziehungskraft, häufig auch fälschlicherweise »Schönheit« genannt, auf jederzeit überprüfbaren Wahrheiten.

Natürlich ändert sich das, was als schön oder begehrenswert empfunden wird, durch Zeit und Ort. Beinahe jede Epoche hatte und hat ihre eigenen Vorstellungen darüber, wie eine Frau aussehen muß oder sollte, damit sie dem gerade geltenden Ideal entspricht; darüber hinaus sind die Ansichten über das, was weibliche Schönheit ausmacht, in den verschiedenen Weltgegenden auch noch durchaus unterschiedlich.

Keine kluge Frau sollte deshalb (wenn sie wirklich klug ist) auf diese Modeerscheinungen hereinfallen und sich davon mehr als ihr Spaß macht beeinflussen lassen. Schönheitsideale und sexuelle Anziehungskraft haben nämlich in Wirklichkeit nur am Rande miteinander zu tun.

Die Signale, die eine Frau durch ihr Äußeres, bewußt und unbewußt, aussendet, kommen zwar, beim Mann, über die

Augen an, werden aber in seinem Bewußtsein und vor allem in seinem Unterbewußtsein nach sehr persönlichen Kriterien bewertet und nicht nach dem Diktat des gerade geltenden Frauenideals.

Auch wenn alle Modeschöpfer und Werbefotografen gerade die langbeinige, vollbusige Blondine propagieren sollten, wird der Mann, dessen persönliche Programmierung auf eine kleine, zierliche Dunkelhaarige ausgerichtet ist, seinen Geschmack nicht ändern (und auch nicht ändern können).

Aber wie auch immer die persönlichen Vorlieben eines Mannes sein mögen, grundsätzlich bleiben die Hauptmerkmale weiblicher sexueller Anziehungskraft stets dieselben. Zwar gibt es das weibliche Geschlecht in den unterschiedlichsten Ausführungen; da hätten wir zum Beispiel die zierliche Kindfrau, die (scheinbar) hilflose, die selbstbewußte, herrische, die weiche mütterliche (mit den entsprechenden Rundungen), die zurückhaltende, auch »Rühr-mich-nicht-an« genannt, die aktive, sportliche Frau, die Partnerin zum Pferdestehlen, das Hausmütterchen – und noch eine ganze Reihe von »Zwischentypen«, aber von welcher Art die Frau auch immer ist, das Wesentliche, das »ewig Weibliche«, sollte sie schon haben.

Da also die Männer, trotz ihrer Unbedarftheit in sexuellen Dingen, ganz verschiedene, genau fixierte Vorstellungen von dem haben, was ihnen gefällt, wenn auch häufig unbewußt, ist eine allgemeine Auflistung der Gründe der sexuellen Anziehungskraft des »Weibes« nicht ganz einfach.

Der Grundtyp ist aber durch alle Zeiten ein relativ einfach zu beschreibender, als da hätten wir: lange Haare, strahlende Augen, Schmollmund, glatte, zarte Haut, deutliche Rundungen an den richtigen (und wichtigen) Stellen und vor allem eine deutlich signalisierte Bereitschaft (über die Körpersprache), eine anschmiegsame, zärtliche und aktive Geliebte sein zu wollen. Und natürlich soll sie jung sein, die Traumfrau, nach Möglichkeit deutlich jünger als er. Ja, so hätten sie es gerne, die Männer, ganz gleich, was sie so allgemein auch sonst immer behaupten mögen.

Hinweis an die Frauen:
Versuchen Sie niemals einen Mann für sich einzunehmen (zu erobern), dessen »Programmierung« Sie nicht entsprechen – es wird nicht gutgehen, selbst wenn es Ihnen gelingt, seine Gene – oder was auch immer – für eine Weile zu täuschen. Irgendwann wird ihm die Frau über den Weg laufen, die seinen geheimen Idealen entspricht – und es kann gut sein, daß er bis zu diesem Augenblick gar nicht gewußt hat, wie sehr er tief im Inneren »das« schon immer ersehnt hat. (Siehe auch Coup de foudre) – und dann sind Sie die Dumme.

Fragen Sie mich aber jetzt bloß nicht, wie Sie erkennen sollen, ob Sie sein »Typ« sind – er weiß es ja meist selbst nicht genau. Wie soll ich es da wissen?

Schau mir in die Augen, Kleines

Ein Mann muß bekanntlich nicht schön sein. (»Was an am Mann schöner ist als a Aff, is a Luxus« – Tante Jolesch/ Friedrich Torberg.) Daher kommt wohl auch die Meinung der meisten Männer, sie seien ausreichend anziehend.

Umfragen beweisen nämlich, daß unverhältnismäßig viele Männer mit ihrem Äußeren zufrieden sind (obwohl die meisten, bei Lichte besehen, keinen Grund dazu hätten), im Gegensatz zu den Frauen, die selten begeistert sind von dem, was ihnen die Natur »geschenkt« hat; Frauen sind eben allgemein kritischer.

Natürlich gibt es auch ein Schönheitsideal, dem Männer entsprechen sollten (aber nur selten können): groß, breite Schultern, schmale Hüften, knackiger Po, flacher Bauch, lange Beine und das Ausreichende (nicht nur das Notwendigste) dazwischen. Neben dieser Traumausstattung gibt es aber (zum Glück für die Männer) noch eine ganze Reihe anderer Punkte, auf die Frauen achten, nämlich: Augen, Hände, Stimme, Geruch (»den kann ich nicht riechen«), Outfit und Bewegungsabläufe, also die Körpersprache. Ein scharfgeschnittenes Gesicht darf ruhig mit einer Hakennase »verziert« sein, wenn die übrige Ausstrahlung stimmt, auch scharf eingekerbte Falten sind seiner »Schönheit« nicht abträglich; beides wäre im umgekehrten Falle, also bei einer Frau, ein ernsthafter Hinderungsgrund, die Dame anziehend zu finden.

Eine Frau, die einen Mann begehrenswert findet, tut dies, weil ihr irgend etwas an ihm signalisiert hat, daß seine Sexualität, also Potenz und erotische Phantasie, ihren Bedürfnissen entsprechen könnte. Deshalb sind echte Schönlinge, die es ja auch gibt, wenn auch ziemlich selten, bestenfalls zum Vorzeigen geeignet (oder aber etwas für ausgesprochene Ästhetinnen). Ein Mann muß in erster Linie »ein Mann« sein, wenn er alleine durch seine Ausstrahlung wirken soll und will.

Natürlich entscheiden sich Frauen nicht nur aufgrund der erotischen Anziehungskraft, die ein Mann hat oder nicht hat (sonst würden ja die meisten Männer alleine bleiben), wirtschaftliche, soziale und (hört, hört) sogar charakterliche Stärken sind wesentliche Entscheidungskriterien, wenn »sie« sich einen Partner wählt.

Merke: Nicht jeder kleine Dicke, nicht jeder häßliche Fiesling, den Sie mit einer schönen Frau sehen, ist reich. Hin und wieder gib es auch noch andere Gründe für »ihre« Entscheidung.

Hinweis an die Männer:
Seien Sie nicht traurig, wenn es mit Ihrer Schönheit nicht allzuweit her ist. Wenn Sie fleißig sind und es damit auf ein ordentliches Einkommen bringen, dann werden Sie nicht alleine bleiben. Auch ein Doktortitel (noch besser ein Adelstitel) ist hilfreich, denn Frauen sind sehr gerne stolz auf das, was der, den Sie sich eingefangen haben, leistet oder hat. – Und wenn Sie dergleichen nicht vorzuweisen haben, dann arbeiten Sie eben an Ihrem Charakter, meine Herren. Ein Mann, der treu ist, fürsorglich und zu jeder Stunde um das Wohlbefinden der Angetrauten besorgt, hat auch seine Chancen – wenn *sie* dann auch nicht gerade das Gefühl hat, sie hätte einen richtigen Mann abbekommen; denn »sexy« ist so ein Softie wohl doch nicht. – Sorry.

Die Eroberung (männlich)

Es gibt zwei Gründe für männliche Eroberungsversuche: In dem einen Falle begegnet ein Mann irgendwo, aus heiterem Himmel einer (oder der) Frau, von der er glaubt, sie könnte sein »Glück« sein (zumindest vorübergehend). Im anderen Falle stellt er einen gewissen Mangel in seinem Leben fest und beschließt, diesem Mißstand abzuhelfen.

Aber wo auch immer und wie auch immer ein Mann auf eine Frau trifft, die er für sich einnehmen will, es wird sich das gleiche Verhaltensmuster beobachten lassen: Er wird zum Pfau, zum Platzhirsch, zum Auerhahn. Er beginnt sein »Gefieder« so prächtig wie möglich schillern zu lassen, er versucht die anderen (möglichen Mitbewerber) auszustechen, er fängt an zu balzen.

Das ist vor allem deshalb so komisch, weil sein Verhalten nichts mit seinem Erfolg oder Mißerfolg zu tun hat, denn schon in den ersten 20 oder 30 Sekunden hat die Frau, die er umwirbt, ihre Entscheidung getroffen. Wenn sie ihn attraktiv findet, dann freuen sie natürlich seine Annäherungsversuche – und sie wird sie geschickt steuern; sie bestimmt das »timing« bei seinem Erfolg, der dann schon längst feststeht, auch wenn er sich noch abstrampelt.

Da wir hier von erotischer Anziehung sprechen, ist es auch gleichgültig, ob er während seiner Werbung einen Fehler nach dem anderen macht. Er hat schon gewonnen, weil sie ihn haben will, und sei es nur für einen »one-night-stand«.

Selbst wenn er sich unzweifelhaft als dummer Schwätzer

erweist, sie wird in seine tiefblauen Augen (oder sonst wohin) blicken, seine kräftigen Hände in die ihren nehmen und sich auf seinen schlanken oder muskulösen Körper freuen.

Ja, meine Herren, so ungerecht ist die Liebe; Sie mögen noch so klug, witzig und charmant sein, Ihre Manieren können blendend sein und Ihr IQ überragend, es nützt nichts, wenn sie Sie nicht anziehend findet.

Es kann natürlich sein, daß sie, auch wenn der Verehrer bei ihr keine Chance hat, trotzdem das Spiel eine Zeitlang spielt und es überdies genießt. Jeder Verehrer steigert schließlich ihren »Marktwert«, schmeichelt zudem ihrer Eitelkeit und macht vielleicht den anderen, den sie sich ausgesucht hat, erst aufmerksam – aber kaum etwas wird ihre, in den ersten Sekunden getroffene Entscheidung verändern.

Wir sprachen bisher natürlich nur von der körperlichen Anziehungskraft eines Bewerbers. Selbstverständlich – und das ist in sehr vielen Fällen die rauhe Wirklichkeit – kann ein Mann mit vielen Attributen, die nichts mit seiner sexuellen Ausstrahlung zu tun haben, seine Angebetete für sich einnehmen. Ein dicker Wagen, ein wohlgefülltes Bankkonto, die Villa oder das Penthouse, ein klingender Titel (und damit der Nachweis einer entsprechenden sozialen Stellung) lassen manches dieser »Traumwesen« schwach werden.

Da aber alle Männer, selbst die klügsten, »um ihrer selbst willen« geliebt werden möchten (das heißt: als »Mann«), sind die Frauen, die das alltägliche Geschäft: Schönheit und Sex gegen Geld oder Geldeswert machen wollen, gezwungen, von Anfang an zu lügen. (Nur die Huren lügen nicht. Es ist zwar letztlich dasselbe Geschäft, aber viel ehrlicher und »sauberer«).

Es gibt also nur zwei Möglichkeiten: Entweder die Frau, die ein Mann zu erobern glaubt, will den Mann, weil sie ihn ebenfalls ausreichend anziehend findet – oder sie läßt ihn »werben« und stellt währenddessen ihre Berechnungen an, ob es sich »lohnt«, ihn zu erhören. Wenn die Männer wüßten, wie sehr sie sich lächerlich machen, wenn sie dieses Spiel von Bedrängen und Fliehen, von Sturm und Abwehr, von Belagerung und Ergebung spielen, sie würden sich – zusammen mit den Frauen – totlachen.

Schon Ovid wußte (vor 2000 Jahren): Würden die Männer für einige Zeit aufhören, den Frauen nachzulaufen, die Frauen würden sie auf eine Art und Weise bedrängen, daß beiden Geschlechtern die Augen übergehen würden.

Glauben Sie mir, es ist kaum ein Unterschied zwischen der Stute, die nach dem Hengst wiehert, und der Frau, die einen Liebhaber braucht. In beiden Fällen ist das Bedürfnis gleich »dringend«. Denn wenn auch die meisten Männer unfähig dazu sind, den Frauen die Lust zu »schenken«, die diese empfinden könnten, wenn *er* nur um einiges geschickter und ausdauernder wäre, so ist doch der Sexualtrieb der Frauen (wegen des einprogrammierten Fortpflanzungstriebes) so stark, daß sie trotz dieses Mangels nicht darauf verzichten können und übrigens auch nicht wollen.

Der Mann, der das Glück hatte, einmal eine Frau in den Armen zu halten, die wirklich bis an ihre Wurzeln befriedigt war, wird nicht nur erschrocken sein über dieses Maß an Selbstverlorenheit, er wird auch (zwangsläufig) neidisch gewesen sein, darüber, was eine Frau empfinden kann – und über das, was er nie wird empfinden und erreichen können, an Lust, Glück und Liebe.

Die Eroberung (weiblich)

Es heißt zwar: Eine Frau ohne Mann ist wie ein Fisch ohne Fahrrad, aber das meine Damen ist (leider) nur ein frommer Wunschtraum. In Wirklichkeit können Frauen ohne die Männer viel weniger auskommen, als umgekehrt.

Wenn eine Frau liebt, dann liebt sie in einem fort; ein Mann hat dazwischen zu tun. Das heißt, immer noch haben Männer, neben der Liebe, auch andere Möglichkeiten, sich ihr Leben einigermaßen befriedigend einzurichten. Eine Frau wird ihr Leben als vergeudet ansehen, wenn sie ohne Liebe und/oder ohne Kind durch das Leben gegangen ist. Ein Mann kann, notfalls, auf beides verzichten, wenn ihn seine Aufgabe (oder was er dafür ansieht) ausfüllt.

Frauen müssen also, wenn sie glücklich werden wollen, einen Mann erobern. – In der Praxis sieht das allerdings so aus, als ob sie sich erobern lassen würden, selbst wenn sie, was neuerdings immer häufiger vorkommt, den ersten Schritt machen.

Jede Frau ist unentwegt auf der Suche (wenn sie sich nicht gerade in einer Verbindung befindet, die sie zufriedenstellt), jede hat ständig ihre Sensoren ausgefahren und kommt ein Mann in die Nähe, der ihren Vorstellungen entsprechen könnte, dann wird sie aktiv. Sie sendet Signale aus, die er (fast immer) nur unbewußt wahrnimmt, und die ihn dazu bringen sollen, sich ihr zu nähern. Da er (seiner Meinung nach) der ist, der auf sie aufmerksam geworden ist, muß er auch der sein, der den Kontakt herstellt. Frauen erobern dadurch, daß sie sich erobern lassen. Sie spannt das Netz aus, er geht oder fliegt hinein.

Die Tricks sind einfach und seit Jahrtausenden bewährt: ein leicht geöffneter Mund (signalrot), gespielte Hilflosigkeit (sein Beschützerinstinkt), zufälliger Haut- oder Körperkontakt, deutlich zur Schau getragene Bewunderung für was auch immer, Körpersprache und vor allem Blickkontakt.

Bei Intellektuellen empfiehlt es sich besonders, ihn zum Reden zu bringen, es ist völlig egal, ob Sie verstehen, was er sagt, meine Damen, wichtig ist nur, daß Sie ihm begeistert zuhören. Erzählen Sie keinem etwas über seine inneren Werte (selbst wenn er welche haben sollte), er will als Mann anziehend sein, seine »große Seele« ist nicht erotisch, auch nicht für ihn.

Wenn Sie selbst nicht wissen, warum Sie ihn haben wollen (aber daß Sie ihn haben wollen, wissen Sie genau), dann loben Sie, was Ihnen einfällt; besonders zu empfehlen sind Augen und Hände, denn dabei gibt es ausreichend Geschmacksunterschiede, er wird bestimmt nicht mißtrauisch. Die eine liebt eben blaue Augen, die andere braune, eine mag schmale, sensible Hände, die andere kräftige, zupackende. Eigentlich können Sie kaum etwas falsch machen, verlassen Sie sich einfach auf Ihren (meist) unfehlbaren Instinkt und auf die Dummheit und die Eitelkeit der Männer.

Hinweis an die Frauen:
Unter allen, normalen Umständen bekommt eine Frau immer den Mann, den sie sich ausgesucht hat; zugegeben, manchmal braucht es Geduld dazu, List und Tücke – und alle Tricks. Das einfachste Rezept, um einen Mann einzufangen, ist, ihm das zu bieten, was er woanders nicht bekommt, nicht nur im Bett, da müssen Sie ja erst einmal hin, aber selbstverständlich auch

an diesem gesegneten Ort (besonders, wenn Sie ihn behalten wollen). Wenn Sie ihn schön finden und – ganz wichtig – es ihm auch sagen, wenn Sie an ihn glauben, wenn er bei Ihnen Wärme findet, Geborgenheit, Unterstützung für seine Pläne, Verständnis für seine Schwächen, dann wird er Sie auch lieben, denn all das findet er (wahrscheinlich) sonst nirgendwo in dieser Welt.

Die Bezahlung (männlich)

Männer lernen sehr früh (schon wenn sie noch gar keine Männer sind), daß man für alles, was man haben will, bezahlen muß – und sei es (nur?) mit Schrammen am Knie oder mit einem blauen Auge, mit Hausarrest oder mit Liebesentzug. Leistung ist die Münze, mit der ganz normale Bedürfnisse bezahlt werden.

Später geht dann alles direkter, aus der Leistung resultiert die Münze und mit kleiner oder großer Münze wird bezahlt – für fast alles –, leider auch sehr häufig für Liebe (und damit sind bei weitem nicht nur die Bordelle und ihre Dienstleistungen gemeint).

Der direkte Wettbewerb mit den anderen Männern (Frauen werden nicht als Konkurrenz empfunden, nicht einmal dort, wo sie es sind) findet also von klein an statt, im Sandkasten, in der Schule, auf dem Sportplatz, in der Disco, an den Universitäten und natürlich im Beruf. Der Mann lernt von Anfang an, daß nur der Sieger, der Erfolgreiche, die schönen, teuren, die erstrebenswerten Dinge bekommt. Die teuren Anzüge, die schnellen Sportwagen, das Penthouse – und natürlich die Traumfrau.

Für die Verlierer und für die Durchschnittlichen bleibt nur übrig, was die anderen nicht wollen, und wer den Anzug von der Stange trägt, einen Kleinwagen fährt und in der Zweizimmerwohnung lebt, der bekommt eben nur das Mädchen aus der Nebenstraße, die genauso durchschnittlich ist wie er selbst.

Was aber kann dabei herauskommen, wenn man mit einem Partner lebt, von dem man weiß, daß er genauso wie man selbst, eigentlich viel lieber jemand ganz anderen hätte?

Männer finden sich viel schneller mit diesem Umstand ab. Sie können eben nicht mehr bezahlen, sie haben nicht mehr verdient. Da das, was sie für ihre kleine Münze bekommen haben, aber nur etwas Alltägliches ist, behandeln sie es auch entsprechend.

Der Mann braucht eine Frau, wie er ein Auto braucht, ein Dach über dem Kopf und seine Mahlzeiten. Er bezahlt mit seiner Partnerschaft, wissend, daß sie, ebenso wie er, nichts Besseres bekommen konnte. Er verbringt sein Leben mit ihr, wenn nichts dazwischen kommt. Sie teilen die wenigen Freuden des Alltags und all die grauen Stunden (immer noch besser als das Leben alleine auszuhalten) und Liebe kennen beide nur aus dem Fernsehen und aus Illustrierten.

Gefährlich für die Partnerschaft wird es nur, wenn er, irgendwann einmal, mehr bezahlen kann, aber das ist relativ selten (daß sie im Laufe der Jahre schöner wird und damit die Chance hätte, einen Besseren zu bekommen, ist eher unwahrscheinlich).

Aber auch männliche Karrieren entwickeln sich in der Regel nach logischen Gesichtspunkten und ganz selten wird aus einem Arbeiter ein Generaldirektor (vielleich wenn er rechtzeitig in die Gewerkschaft eingetreten ist, aber das funktioniert nur ganz selten).

Kommen wir zu den wenigen Erfolgreichen, zu denen, die mehr bezahlen können. Der beruflich Erfolgreiche oder der reich Geborene hat, was seine Partnerin angeht – so wie er an all die anderen Dinge des Lebens höhere Ansprüche stellt – gewisse Erwartungen – und so wie er beispielsweise um seinen Jaguar oder sein Penthouse beneidet werden will (denn sonst macht es ja keinen Spaß), so will er auch um die Frau an seiner Seite und in seinem Bett beneidet werden, und dazu muß sie in erster Linie attraktiv sein, also jung und schön (gescheit oder reich ist unnötig, das ist er ja selbst – glaubt er).

Im Vorfeld der sogenannten Eroberungsphase (was eigentlich Unsinn ist, denn in Wirklichkeit gibt es nichts zu erobern), macht er ein Angebot und sie akzeptiert, wenn der Preis stimmt. – Wenn er alt und häßlich ist, wird es meist recht teuer, wenn er jung und attraktiv ist, kommt es etwas billiger. Normalerweise bezahlt er für das, was er bekommt, mit dem üblichen Luxus, mit Champagner und Kaviar, mit Reisen, gelegentlich mit einem Pelz oder mit Schmuck, bis es zu Ende ist.

Wenn es ihr allerdings gelingt, aus diesem Verhältnis auf Zeit ein dauerhaftes zu machen, wenn es ihr gelingt, ihn zu heiraten, dann steigen die Kosten erheblich, denn eine unter diesen Umständen geschlossene Verbindung läuft fast immer auf eine Scheidung hinaus, und die Abstandszahlungen können ganz schön ins Geld gehen. Aber jeder bezahlt eben mit dem, was er hat, *der* eine mit Luxus und Geld und Geldeswert, *die* andere mit Jugend und Schönheit. – Und wer nichts von alledem hat, bezahlt mit sich selbst (so wenig das auch sein mag).

Die Bezahlung (weiblich)

So wie die Männer (solange sie Kinder sind, aber damit hört es nicht auf, o nein) dazu erzogen werden, mutig, tapfer, erfolgreich zu sein, so werden die Frauen von Anfang an dazu erzogen, lieb zu sein, niedlich und geschickt.

Zwar heißt es heute nicht mehr, beispielsweise bei schwachen schulischen Leistungen: Das macht ja nichts, sie heiratet ja doch, aber in den Hinterköpfen ist immer noch gespeichert, daß eine Frau keine eigene Leistung aufzuweisen braucht, solange sie nur schön genug ist und ausreichend clever im Umgang mit Männern. Es wird sich dann schon einer finden, der für sie sorgt.

Natürlich wissen auch Frauen (das Leben klärt jeden auf), daß man nichts umsonst bekommt, aber sie wissen auch, zumindest lernen sie es so, daß sie mit anderer Münze bezahlen können als die Männer. Die Emanzipierten unter den Frauen sagen, und sie liegen gar nicht so falsch damit: »Männer können besser gucken als denken.« Der Volksmund bestätigt sie: »Wenn der Vestand zwischen die Beine rutscht ...«

Das Kapital, das eine Frau in dieses »Geschäft« einzubringen hat, ist Jugend, Schönheit, kurz, das Versprechen auf sexuelle Erfüllung. Selbstverständlich ist das Unsinn. Sogenannte häßliche Frauen (aber es gibt ja keine häßlichen Frauen, es gibt nur solche, die leider, leider, nicht geliebt werden), sind die »besten« Geliebten. (Na ja, sie finden ja auch seltener eine Gelegenheit.)

Es hat also durchaus seine Vorteile, eine Frau zu sein, wenn man die marktüblichen Vorzüge aufzuweisen hat, man bezahlt dann mit einer Leistung, die keine Mühe gekostet hat. (Ja, ja, Mutter Natur sorgt für einen Teil ihrer Kinder – darum heißt es auch nicht Vater Natur, die Natur steht immer auf der Seite der Frauen.)

Wenn sie allerdings Pech hat und von besagter »Mutter« etwas stiefmütterlich behandelt wurde, dann wird der mögliche Vorteil sehr schnell zum gravierenden Nachteil, dann müßte sie nämlich mit derselben Münze bezahlen wie die Männer, mit Geld, Einfluß, Luxus, gesellschaftlicher Stellung und all diese Dinge, die man meist mühsam erarbeiten muß, haben schon die Männer untereinander ausgekämpft.

Für eine Frau ist es (zugegebenermaßen) ungleich schwieriger, sich da dazwischen zu drängen, um auch ein Stück vom Kuchen abzubekommen. Aber erfreulicherweise (für sie selbst) sind Frauen viel pragmatischer. Die wenigsten kommen auf die Idee sich abzurackern, zu kämpfen und zu schuften, um dann das sauer Erworbene für einen Kerl auszugeben, für ein ewas attraktiveres Sexualobjekt. (Mit Ausnahme der Huren, aber das ist ein ganz anderes Kapitel.) So dumm sind nur Männer. Letztlich bleibt den vielen Frauen, die nicht aussehen wie eine Titelblattschönheit (selbst dann nicht, wenn sie alle Hilfsmittel der Kosmetik und der Mode eingesetzt haben), nur der weder attraktive noch erfolgreiche Arbeitskollege oder einer aus dem Bekanntenkreis. Jede nimmt eben, was sie bekommen kann.

Bleibt die Frage: Warum sollten sich zwei Menschen überhaupt zusammentun, wenn doch jede/r von ihnen gerade noch das bekommen hat, was er verdient. – Nur weil es heißt: Es sei nicht gut, daß der Mensch allein sei?

Den Damen zum Trost:
Schönheit vergeht relativ schnell. Besonders die weibliche, denn die männliche Schönheit ist erstens etwas viel Selteneres und zweitens, so vorhanden, läßt sie sich auch besser konservieren. – Und den Mauerblümchen bleibt der Triumph, daß die beneidete Schönheit vom Titelblatt oder von nebenan auch nur eine begrenzte Anzahl von Jahren begehrenswert bleibt (aber was für Jahre können das sein! – und wenn das »Kapital« richtig angelegt wurde, dann hat es sich bis dahin ordentlich verzinst, sei es durch Scheidungsabfindung, sei es durch Erbschaft).

Ich liebe dich (männlich)

Denen, die wirklich lieben, geht dieser Satz unendlich schwer von den Lippen. Je weniger ernst er aber gemeint ist, desto leichter fällt es ihm, es auszusprechen, denn was heißt dieses »ich liebe dich« denn anderes als: Ich kann (und vor allem: ich will) nicht leben ohne dich, ich bin unglücklich, wenn du nicht bei mir bist – vielleicht auch dann, wenn du bei mir bist, weil du mich nicht »genügend« liebst. (Aber selbst das ändert im Grunde nichts).

»Ich liebe dich« heißt bei und für einen Mann: Ich baue mein ganzes Leben um dich herum, du bist das Zentrum, der Fixstern, um den sich alles dreht; für dich will ich stark sein, mutig, erfolgreich. Für dich will ich die Welt aus den Angeln heben. Mit dir zusammen will ich leben, für immer, mit dir zusammen will ich alt werden. Du bist alles, was ich vom Leben will.

Deshalb sagt es ein Mann, wenn er es wirklich meint, so schwer, weil er weiß, daß dieses »ich liebe dich« sein ganzes Leben, so wie es bisher war, verändern kann – und meist auch wird. Dieser Satz kann, wenn er ehrlich gemeint ist, seine, meist wohlgeordnete, Welt zerstören oder das Leben erst wirklich beginnen lassen. In jedem Falle aber wird dieses Bekenntnis seine Existenz bedrohen, denn, wie an anderer Stelle erwähnt: Ein Mann hat dazwischen zu tun. Wenn er aber an nichts anderes mehr denken kann (und mag) als an sie »die Eine«, was bleibt dann noch an Energie und Aufmerksamkeit für das »wirkliche Leben«, für seinen Beruf, sein bisheriges Umfeld und auch die Finanzen. Wo bleibt sein klarer Verstand, von dem er ja lebt und sie wahrscheinlich in Zukunft auch?

Sie können jetzt einem Mann, der »so« liebt natürlich sagen, daß das alles eine vorübergehende Verblendung ist, daß ihm die Frau, von der er jetzt glaubt, er würde sie über Zeit und Ewigkeit hinaus lieben, eines Tages gleichgültig sein wird, daß er sie vielleicht (wahrscheinlich) sogar hassen wird, weil sie ihn nämlich, mit ziemlicher Sicherheit (zumindest irgendwann) betrügen wird – es nützt nichts. Er ist nicht mehr zurechnungsfähig.

Der Satz »ich liebe dich« bedeutet, wenn er ehrlich gemeint ist, seine totale Kapitulation und eine Umkehr aller bisherigen Werte. Ich habe überzeugte Junggesellen gekannt, Ladykiller, die für die Idee der Treue und Liebe, wenn sie länger dauern sollte als ein paar Wochen oder Monate, nur ein höhnisches Grinsen übrig hatten und die eines Tages wie Marionetten an den Fäden einer Frau hingen und mit dumm-glücklichem Lächeln ihre Adreßbücher verbrannten, den Porsche verkauften und eine Lebensversicherung zugunsten der Zukünftigen abschlossen.

Der Satz »ich liebe dich« macht aus einem vernunftbegabten männlichen Wesen ein hilfloses Opfer. Und weil das alles so ist, deshalb hören die Frauen diesen Satz so gern – und bemühen sich auch dann daran zu glauben, wenn es nicht mehr ist als eine Lüge, eine Schmeichelei oder ein bewußt eingesetztes »Mittel«, um etwas Bestimmtes (was wohl?) zu erreichen.

Zwar ist es allemal aufregender, selbst zu lieben als geliebt zu werden, aber ehrlich: Was kann das Selbstbewußtsein einer Frau so sehr aufbauen, was das Ego so kitzeln wie dieser eine magische Satz »ich liebe dich«.

Ich liebe dich (weiblich)

Frau und Mann unterscheiden sich zwar in fast allen Punkten, die die Liebe angehen, erheblich, aber bei diesem einen Satz, um den sich letztlich alles dreht, sind die Unterschiede geringer als sonst.

Die Frau, die diesen magischen Satz zu einem Mann sagt, meint es genauso ehrlich (wenn sie es ehrlich meint) wie er. Er bedeutet, wie auch im umgekehrten Falle: Du bist das Zentrum meines Lebens, ich will bei dir bleiben, für immer und unter allen Umständen.

Letztlich ist dies dieselbe Aussage, wenn auch verknappt, die bei den kirchlichen Trauungszeremonien ge- und versprochen wird: Ich will dich lieben und ehren, bei dir sein in guten und in schlechten Tagen, dir treu sein bis daß der Tod uns scheidet – und kaum glaublich, sie meint das auch alles, nicht unbedingt immer vor dem Altar, aber dann, wenn sie ihm sagt: »Ich liebe dich.«

Es ist dies ein, auch für den Mann, den es angeht, gefährlicher Satz, denn wenn ein Mensch sein Schicksal so sehr an einen anderen bindet, wenn das (ihr) Glück davon abhängt, was er tut oder läßt, dann ist es mit dem selbstbestimmten Leben vorbei. Jetzt zählt ja für sie (fast) nur noch das, was er will. Ein Mann, der zuläßt, daß ihn eine Frau (wirklich) liebt, übernimmt, wenn er kein Schuft ist, eine erhebliche Verantwortung, denn sie gibt damit so ziemlich alles auf, was sonst wichtig für sie ist und war; viel mehr als ein Mann in der gleichen Lage.

Eine Frau, die liebt, ist zu allem fähig (wirklich zu allem); sie ist notfalls dazu fähig, zu betteln und zu stehlen, zu betrügen und sich gegen die ganze Welt zu stellen, ja sogar dazu, sich für ihn zu prostituieren (ein Gutteil der Huren wird dies bestätigen). – Nur dazu, ihn nicht zu lieben, ist sie unfähig.

Zugegeben, leider gibt sich dieser Zustand (fast immer) irgendwann wieder; das »leider« gilt allerdings meist nur für ihn, den einstmals so sehr Geliebten, weil er dann wahrscheinlich aus allen Wolken fällt, häufig direkt in die Hölle, während sie ja bereits einen anderen liebt, denn dies – und nur dies – wäre ein Grund für sie, ihn zu verlassen.

Wie auch immer: Alleine diesen Satz zu sagen (und nach Möglichkeit auch zu hören), macht das Leben wünschenswert, macht das Glück aus und hält uns alle auf dieser Erde fest. Wer diesen Satz niemals aussprechen konnte, wem er niemals ins Ohr geflüstert wurde, oder wer nicht mehr auf dieses Wunder hoffen kann, für den/die wäre es besser, schon begraben zu sein.

Die Treue (weiblich)

Eine Frau ist bedingungslos treu, so lange sie liebt; was sie allerdings meist nicht für lange tut – und schon gar nicht für immer oder gar ewig. Weibliche Treue beruht nicht auf Mangel an Gelegenheit, sie kommt aus dem Gefühl, das Optimale bereits zu besitzen, und wer tauscht schon, unter normalen Umständen, einen Rolls-Royce gegen einen VW.

Der Mann, den sie liebt, ist der für sie sexuell anziehendste, das heißt der, der ihre sexuellen und emotionalen Bedürfnisse (soweit sie ihr bekannt sind) optimal befriedigt und der ihr zudem ausreichende soziale Sicherheit gibt – und ausreichend ist immer nur das für sie erreichbare Maximum.

Meist bekommt sie, bedauerlicherweise, nur eines von beiden – aber wenn die Diskrepanz zwischen diesen beiden Polen, zwischen sexueller Befriedigung und sozialer Sicherheit, zu groß wird, führt das bald zum Ende ihrer Liebe und etwas später auch zum Ende ihrer Treue, denn einen Rolls-Royce ohne Benzin tauscht die kluge Frau (und klug ist sie immer) sogar gegen einen VW, wenn dieser »fährt«, und an dem Rolls-Royce, der zwar über einen vollen Tank verfügt, aber dessen Aschenbecher überquellen und dessen Sitze zerschlissen und unbequem sind, verliert sie auch irgendwann den Spaß.

Die weibliche Treue resultiert also ausschließlich daraus, daß die Bedürfnisse der Frau in sexueller und/oder sozialwirtschaftlicher Hinsicht, soweit wie für sie erreichbar, erfüllt sind.

Auch eine unattraktive Frau würde lieber mit Robert Redford/Rockefeller III leben als mit ihrem Ehemann/Partner – wenn dies möglich wäre. Moralische Kriterien spielen für sie keinerlei Rolle. Keine Frau ist einem Mann treu, weil sie es ihm versprochen hat oder weil ihn ihre Untreue verletzen oder gar umbringen würde.

Merke: Ein Selbstmordversuch schmeichelt zwar ihrer Eitelkeit, läßt sie im übrigen aber völlig kalt, ja, in der Regel verachtet sie den Mann, der ihretwegen sterben will, wie sie Schwäche immer verachtet.

Treue aus Gewohnheit ist etwas, das es für eine Frau schon gar nicht gibt. Ihre Treue ist immer bewußt und begründet. Sie ist treu, weil und wenn sie »das Beste« bereits zu besitzen glaubt. Das heißt aber keinesfalls, daß sie mit diesem »Besten« auch zufrieden sein muß. Es kann auch bedeuten, denn Frauen sind sehr pragmatisch was das Erkennen der eigenen Grenzen angeht, daß ihr bewußt ist, daß ihre eigene Anziehungskraft nicht ausreicht, mehr zu bekommen. Zusammengefaßt: Wenn eine Frau treu ist, dann ist sie es, weil sie mit dem Partner, den sie hat (zur Zeit), zufrieden ist, aus Leidenschaft, aus Klugheit oder aus Resignation.

Den Männern zur Warnung:

Das Duett Don Giovanni/Zerlina: »Reich mir die Hand mein Leben« (das ironischerweise und aus Unkenntnis sogar bei Hochzeiten gespielt wird) zeigt eine klassische Konstellation und ist ein beredtes Beispiel. Don Giovanni wirbt hier mit seiner sexuellen Ausstrahlung und mit Besitz (komm auf mein Schloß mit mir) und obwohl Zerlina nur Augenblicke vor ihrer Hochzeit steht und obwohl sie singt: Masseto (der Bräutigam) würde sterben, ist sie sofort bereit, das Gute gegen das Bessere einzutauschen. – Erfreulicherweise erliegt sie einem

Irrtum, was das Erreichen des Besseren angeht und kehrt reumütig zurück zu dem Mann, der das für sie Erreichbare bedeutet.

Vielleicht liegt die wahre Ironie darin, daß dieser Masseto bereit ist, *seine* Zerlina trotzdem zu nehmen.

Die Treue (männlich)

Die Treue eines Mannes ist häufig schlicht und ergreifend auf einen Mangel an Gelegenheiten zurückzuführen, denn er hält sich ja für einen Jäger (während er in Wirklichkeit der Gejagte ist). Dieser Mangel an Gelegenheiten kann viele Gründe haben: kein geeignetes Umfeld, Zeitmangel durch zu viel Arbeit, zu starke Kontrolle durch seine Partnerin (denn Männer sind konfliktscheu und ängstlich, was den Verlust einer Partnerschaft angeht), mangelndes Selbstvertrauen (Männer unterschätzen ihren Selbstwert häufig, Frauen selten). Zum größten Teil beruht männliche Treue aber auf Bequemlichkeit, die aus einer ausreichenden Zufriedenheit resultiert.

Ein Mann ist treu, solange er nicht zur Untreue »gezwungen« wird, sei es durch die Lieblosigkeit der Partnerin, sei es durch eine andere Frau, die ihm Avancen macht (denn die männliche Dummheit, Eitelkeit und Fehleinschätzung weiblicher Beweggründe ist beinahe unbegrenzt). Ein weiterer Grund für seine Treue ist das männliche Sozialverhalten und seine sexuelle Bedürfnislosigkeit.

Männer sind es gewohnt, Verantwortung zu übernehmen, im Beruf, im Staat, in der Familie, und sie betrachten das Scheitern einer Beziehung als persönlichen Mißerfolg, als Fehlverhalten und als Versagen bei einer übernommenen Aufgabe, es beeinträchtigt ihr (ohnehin schwach ausgeprägtes) Selbstwertgefühl. Ein Mann, der von einer Frau verlassen wird, sucht die Schuld bei sich, eine Frau, in derselben Situation, sucht die Schuld bei ihm.

Die sexuelle Bedürfnislosigkeit des Mannes ist (sehr zum Mißfallen der Frauen) so gravierend, daß er klaglos und ohne das Gefühl, ihm fehle etwas, jahrzehntelang in derselben Stellung, in derselben Häufigkeit (oder Seltenheit) mit seiner Frau schlafen und das für eine ausreichend erfüllte Liebesbeziehung halten kann.

Um das Bild vom Rolls-Royce und VW aufzugreifen: Der Mann fährt seinen VW bis zum Ende seiner (oder ihrer) Tage, wenn er ihn täglich brav an sein Ziel bringt, nicht zuviel Sprit verbraucht und keine aufwendigen Reparaturen erforderlich sind. Den Rolls-Royce bewundert er im Vorbeigehen, mit einem leisen Bedauern (höchstens), daß er nicht ihm gehört – aber so lange ihm niemand den Wagenschlag öffnet oder ihm die Schlüssel in die Hand drückt (es müssen ja nicht gleich die Wagenpapiere sein), bleibt er brav bei dem einmal angeschafften Modell.

Hinweis an die Frauen:
Ihr Mann wird Sie nie betrügen, wenn Sie ihm die Möglichkeit dazu nehmen, durch genaue Kontrolle seines Tagesablaufs (Vorsicht vor Dienstreisen), wenn Sie ihm ein Mindestmaß an sexueller Befriedigung und menschlicher Wärme bieten und wenn ihm keine andere »mehr« verspricht.

Die Trennung

Es gibt wohl kaum jemanden, den die Trennung von einem geliebten (und damit meist langjährigem) Partner nicht bis in die tiefsten Tiefen des Gefühles erschüttert; es sei denn, sie geht von ihm/ihr selbst aus.

Das Verlassensein, vor allem aber das Verlassenwerden, stürzt uns alle in Ratlosigkeit und Verzweiflung. Dieses Gefühl von Hilflosigkeit und Enttäuschung befällt dabei Männer und Frauen gleichermaßen, allerdings reagieren sie darauf nicht unbedingt auf die gleiche Weise. Männer sind beispielsweise weniger oft bereit, die Trennung (die ja immer häufiger von den Frauen ausgeht) als Faktum zu akzeptieren.

Beinahe täglich können wir in der Zeitung von Fällen lesen, bei denen ein verlassener Ehemann oder Liebhaber versuchte, seine Ehemalige mit Gewalt zurückzu»gewinnen«; oft mit tödlichen Folgen für einen oder mehrere der Beteiligten, sei es nun die Ungetreue, der Nebenbuhler, der Verlassene oder alle zusammen.

Ich kann nur alle Frauen vor der sogenannten »letzten Aussprache« warnen, um die sie fast alle betteln, die Alleingelassenen. Es kommt nie etwas dabei heraus, und es ist tatsächlich oft extrem gefährlich. Daß verhältnismäßig viele Frauen sich auf ein solches Treffen überhaupt einlassen, kommt wohl meist aus dem schlechten Gewissen, das die, die geht (natürlich kann es auch er sein), häufig hat.

Natürlich versuchen auch Frauen den geliebten Mann zurückzuerobern, aber selten wenden sie dabei Gewalt an. Ihre

Mittel sind um einiges subtiler. Ihr Kampf (auch ihre Rache) wird anders geführt, mit List und Tücke, eben weiblich. Kaum jemand ist aber, ob Mann oder Frau, in der Lage, die Trennung als etwas Unabänderliches einfach so hinzunehmen.

Die Verletzungen, die ihm oder ihr dabei zugefügt werden, sind so gravierend, daß es oft Jahre dauert, bis der/die Betroffene wieder selbstverständlich mit sich, dem anderen Geschlecht und den (dabei notwendigen) Gefühlen umgehen kann. Manche erholen sich tatsächlich nie von diesem »Schicksalsschlag«. Langzeituntersuchungen bei solchen »Scheidungs- oder Trennungsopfern« haben ergeben, daß es bis zu sieben Jahre dauert, bis die dabei geschlagenen Wunden vernarben, wenn überhaupt.

Fast alle erkennen wir bei der Aufarbeitung der Trauer und des Schmerzes, daß die Gründe für das Scheitern der Partnerschaft, zumindest zum Teil, bei uns selbst lagen, denn niemand wird grundlos verlassen, das mag hilfreich sein für eine spätere, neue Beziehung, aber erst einmal hilft es wenig gegen das ge- und zerstörte Selbstwertgefühl.

Alle fragen sich in dieser Situation, was hat er/sie, die oder der »neue« – was ich nicht habe. Wie konnte eine Liebe, die doch einmal wirklich und wichtig war – und zwar für beide – die tief war und leidenschaftlich, die für die Ewigkeit zu sein schien, so plötzlich (denn es kommt ja immer plötzlich für den, den es trifft) zu Ende sein?

Aber es ist ja nicht nur der Selbstzweifel, der Zweifel am eigenen Wert, was die Verlassenen so fassungslos macht, es ist vor allem die Tatsache, daß nichts mehr so ist, wie es noch gestern, wie es immer war.

Diese Alleingelassenen fallen alle in ein tiefes, schwarzes Loch. Nichts mehr in ihrem Leben ist an seinem Platz. Natürlich hat es auch mit finanziellen Problemen zu tun, mit sozialer

Sicherheit (immer noch fast ausschließlich ein Problem der Frauen) und mit der Sexualität, die auf einmal ins Leere geht.

Aber ganz wichtig und besonders schrecklich ist das Alltägliche: das Nachhausekommen in eine leere Wohnung, das fehlende Vis-à-vis am Frühstückstisch. Der Ansprechpartner, der Mensch, mit dem man noch gestern das Leben geteilt hat – die Sorgen und Freuden –, ist eben nicht mehr da, und damit entfällt auch die (intime) Kommunikation, die für das seelische Gleichgewicht so wichtig ist.

Viele Menschen verstummen in dieser Situation, sind, wenn die erste Phase vorüber ist, wo sie noch jedem, der es hören will (oder nicht hören will), von ihm oder ihr erzählen (müssen), rettungs- und hoffnungslos allein.

In dieser Zeit geht das Trennungsopfer durch alle Phasen, die das menschliche Gefühlsleben kennt. Es wird Haß empfunden, Reue, Hoffnung, Schmerz, Trauer, Verzweiflung, Verzeihen – oft wild durcheinander – und jede/r glaubt zwischendurch, der alte, gewohnte Zustand ließe sich noch einmal wiederherstellen.

Ach, ihr armen, noch immer Liebenden! Es wird nie mehr so, wie es war. Es ist vorbei, unabänderlich!

Wie sagt der Dichter doch so richtig? »Nichts hilft so gut gegen eine unglückliche Liebe, wie eine neue Liebe.« Ja, wenn man nur dazu fähig wäre. Aber sein/ihr Bild überdeckt alles und nie mehr werden wir jemanden finden wie sie/ihn – (glauben wir), trotz allem, was man uns angetan hat. Trotz Verrat und Betrug, trotz Lügen und Grausamkeiten. Sie, die Verlassenen, lieben eben immer noch – und können nicht damit aufhören, so sehr sie es sich auch wünschen mögen.

Sie wollen einen Rat von mir? Es gibt keinen! Wer immer Ihnen in dieser Situation zureden mag, er/sie redet gegen eine Mauer. Der beste Freund, die beste Freundin kann nichts anderes (und Besseres) tun, als geduldig zuzuhören – und mehr wird auch in Wirklichkeit nicht verlangt oder erwartet. Jedes »was soll ich denn nur tun«, jedes »findest du nicht auch« ist nur rhetorisch gemeint. Es hilft nichts, jede/r muß mit dem, was ihm/ihr da geschehen ist, alleine fertigwerden; man kann trösten, verstehen und damit ein wenig helfen, aber das ist auch wirklich schon alles.

Es gibt auch noch ein anderes Verlassenwerden, das, das durch den Tod in unser Leben tritt, aber das ist doch ganz, ganz anders. Wo wir, in dem einen Falle verraten und betrogen wurden, wo unsere Gefühle und unser Selbstwert ge- und zerstört wurden, ist es hier die Unabänderlichkeit des Schicksals. Wir sind allein, aber nicht durch die »Schuld« des anderen.

Wer einen geliebten Menschen durch Krankheit, Unfall oder die unabänderlich verrinnende Zeit verloren hat, dessen Schmerz ist sicher nicht geringer, aber er/sie hat nicht die Liebe verloren. Er/sie hat nicht das Problem, sich wertlos zu fühlen – und es bleiben ihm/ihr all die schönen Erinnerungen an die gute, die glückliche Zeit, die im anderen Falle nachträglich entwertet worden sind.

Wenn nach der Zeit der Trauer, wie lange oder wie kurz sie auch sein mag, eine neue Liebe kommt, dann entsteht erst das eigentliche Problem, denn niemand, der jetzt kommt, kann den verlorenen Partner ersetzen. Der/die von uns Gegangene ist in unserer Erinnerung so glorifiziert, so wundervoll und einmalig, daß niemand, der danach kommt, den Verlust wirklich ersetzen kann oder erst nach sehr langer Zeit.

Da braucht der/die neue Partner/in schon sehr viel Geduld – und seinerseits sehr viele Liebe – wenn aus so einer Beziehung etwas werden soll.

Hinweis an die Männer und die Frauen:
Wenn Sie verlassen wurden (und jedem/jeder »passiert« das mindestens einmal, von ganz wenigen Glücklichen abgesehen), dann nehmen Sie es als das, was es ist, als etwas Unabänderliches. Versuchen Sie die Zeit zu überstehen und irgendwie »weiterzuleben» und weiterzulieben. Mehr kann man wirklich nicht tun.

Der Feind in deinem Bett

Sobald der Mensch, sowohl der männliche als auch der weibliche, anfängt, mit seiner Umwelt umzugehen, beginnt er sich Schutzschilde zuzulegen. Jede Verletzung, sei sie seelischer Natur oder körperlicher, wird als Gefahr gespeichert, und um sich vor Wiederholung zu schützen, wird für die Zukunft eine Gegenmaßnahme vorgesehen (gebranntes Kind scheut das Feuer).

Wenn also, und das geschieht ja schon lange vor der Pubertät, die Geschlechter aufeinander zugehen, zuerst noch spielerisch und nicht zielgerichtet, haben sie bereits eine ganze Reihe von Verletzbarkeiten erfahren und gelernt, sich dagegen zu schützen. Zu den allgemeinen »Gefahren«, die aus der Umwelt und der sozialen Bindung bisher erfahren wurden, kommt jetzt noch die sehr eigene Verletzbarkeit durch die Beziehung zum anderen Geschlecht. Zurückgewiesen werden, die Erfahrung mangelnder Attraktivität, das Verlassenwerden wegen eines/einer Begehrenswerteren, das Gefühl zu versagen oder die Angst davor, allgemeine Unsicherheit aus Unkenntnis der eigenen Stärken und Schwächen, das alles führt, entsprechend der bisher auf anderen Gebieten gemachten Erfahrungen, zum Entstehen neuer Schutzschilde.

Wenn dann früher oder später eine wirkliche und selbstverständlich auch ernstgemeinte Beziehung beginnt, stehen sich zwei Menschen gegenüber, die beide eingeschlossen sind in ihren Panzern, bestehend aus Ängsten, Vorurteilen und verdrängten (insbesondere sexuellen) Bedürfnissen.

Viele der angenehmsten, aufregendsten und befriedigensten Spielarten der Sexualität sind auf irgendeine Weise tabuisiert, gelten als abartig, also pervers, oder sind nicht einmal bekannt.

Aufklärung? Ja wo denn, ja wie denn, ja von wem denn. Im besten Falle findet doch eine mehr oder weniger klinische Information über Fortpflanzung statt. Welcher Vater, welche Mutter, welcher Lehrer informiert Heranwachsende über die Spielarten der Lust, über die Wege dahin, über Varianten, über all das, was hinter, neben, vor und nach dem (eigentlich ja relativ langweiligen) »Akt« liegt.

Das Erlernen der Liebe, einem für das körperliche, geistige und seelische Wohlbefinden (und zwar lebenslang) so wichtigen Bereich unseres Lebens ist ausschließlich Zufälligkeiten überlassen. Es ist unbestritten, daß das Vergnügen oder Mißvergnügen, das ein Mädchen empfindet, wenn es »zur Frau« wird, für lange Zeit, wenn nicht lebenslang ihre Einstellung zur Sexualität bestimmt.

Niemand käme auf die Idee, von einem Analphabeten Lesen und Schreiben lernen zu wollen, aber kein Mädchen (und auch kein Junge) sucht nach diesen Kriterien den ersten Liebhaber, die erste Geliebte aus.

Die Angst zu versagen, die Unsicherheit fast aller männlichen Anfänger, dem Anspruch an ihre Männlichkeit nicht gerecht zu werden, führt, wenn der Junge Pech hat, zu Impotenz oder zur lebenslangen Einfalt, und die Frau, die ihm als erste, meist durch Schauspielerei, das Gefühl gibt, kein Versager im Bett zu sein, erhält seine Liebe und (meist für sehr lange) auch seine Treue, einfach deshalb, weil jeder andere, neue Versuch, sein mühsam aufgebautes sexuelles Selbstverständnis wieder zerstören könnte.

Frauen haben es da zwar erheblich leichter, der Orgasmus wird gespielt, die eigene Unbeteiligtkeit wird umgewandelt in ein Instrument der Machtausübung, die Frustration wird beschwichtigt durch Materielles. Und da sie nie anderes erlebt hat als ein Liebesleben, das aus einem Akt besteht, den man über sich ergehen läßt, kommt das Gefühl des Unbefriedigtseins nur aus dem Unterbewußtsein, macht zwar nichtsdestotrotz unglücklich und seelisch (häufig auch körperlich) krank, wird aber in seinen Ursachen nicht erkannt und kann deshalb auch nicht »geheilt« werden.

Publikationen, von der Yellow Press bis zu den Frauenmagazinen, helfen da auch nicht sehr viel weiter, der Mangel wird ihr zwar bewußt, aber nur im Kopf – und nicht so sehr, daß er aus eigener Kraft beendet werden könnte. Und die großen Verführer, die so sehnsüchtig erwartet werden, die, deren Hände Wünschelruten sind, die noch die geheimsten Stellen der Lustempfindung auffinden, sind halt sehr selten und sterben auch dank der neuen Geringschätzung des Mannes letztlich gänzlich aus.

Gut, das alles hindert die beiden Liebenden aber nicht, trotz aller Ängste und Befürchtungen ihre Panzer abzulegen. Der männliche und weibliche Mensch ist im Bett in zweifacher Hinsicht nackt, er bietet einerseits seinen Körper ungeschützt dar, in all seiner Schönheit, aber auch mit allen seinen Mängeln und körperlichen Fehlern – und welcher Körper ist schon wirklich vollkommen (es müssen ja nicht gleich der Bierbauch oder die Hängebrüste sein) – andererseits, und das ist viel gefährlicher, zeigt er sich in all seiner Schwäche, seiner Hilflosigkeit und seiner Gier nach sexueller Befriedigung.

Das Teuflische daran ist, nur wenn man sich öffnet, sich fallen läßt, kann man das so sehr Ersehnte erreichen. Wer nicht über seine Bedürfnisse spricht oder den anderen auf irgendeine Weise hinführt zu den Quellen der eigenen Lust, steht unbefriedigt wieder auf, und da wir alle ungerecht sind, lasten wir die Gründe für die entstandene Frustration dem Partner an.

Als wir uns in den Zeiten der Leidenschaft, der Zärtlichkeit, der Sehnsucht, dem anderen so schonungslos geöffnet haben, als wir uns in all unseren Schwächen und Verletzbarkeiten gezeigt haben, haben wir aber auch dem Partner Waffen gegen uns in die Hand gegeben, die er, wenn sich die Beziehung verändert hat, gegen uns einsetzen kann. (Und leider verändern sich Beziehungen immer.)

Wenn aus der großen Liebe und Leidenschaft nur Gleichgültigkeit und Langeweile geworden sind, dann hat man Glück gehabt; häufig wird aber Haß daraus – und Haß sucht nach Mitteln, dem anderen zu schaden, ihn zu vernichten und es gibt wenig, womit man einen Menschen so vernichten kann, wie wenn man aus dem, was einmal seine Stärke war, eine Schwäche macht.

Ein Mann, dem die (ehemalige) Geliebte den Glauben an seine Fähigkeiten als Liebhaber nimmt, ist tödlicher verletzt als der, der finanziell ruiniert wird. (Und die Frauen wissen das und machen auch reichlich Gebrauch davon.)

Hinweis an die Männer:
Wenn Ihnen Ihre Ehemalige bei der Trennung sagt: Mit dir zu schlafen war die ganze Zeit über eine Qual, ich habe nie das geringste dabei empfunden, und wenn es aussah, als hätte ich einen Orgasmus gehabt, so war das immer gespielt, außerdem habe ich dich ständig betrogen.

Wenn sie Ihnen das sagt, glauben Sie ihr kein Wort. Eine Frau, die nicht geliebt hat, haßt auch nicht, und geliebt hat sie Sie nur, wenn sie irgendwann durch Sie (und zwar körperlich) wirklich glücklich war.

Die, die wirklich nichts empfunden hat (doch, doch, das

kommt vor), die sagt es Ihnen nicht, denn die hatte andere Gründe, mit Ihnen zusammen zu sein, fast immer und ausschließlich materielle, und deshalb wird sie bei der Trennung auch nicht darauf aus sein, Sie zu verletzen, sondern noch ein letztes Mal ihren Vorteil suchen.

Hinweis an die Frauen:
Sie haben es auch hier einfacher als die Männer. Natürlich kommt es hin und wieder vor, daß ein Mann eine Frau verläßt, weil er sie sexuell nicht mehr anziehend findet, aber genau genommen ist das sehr selten (und geschieht nur, wenn ihm eine andere mehr »verspricht«).

Weit häufiger ist der Grund der, daß er nicht bekommt, was er sich wünscht, was er ersehnt, und das kann nur eintreten, wenn Sie ihn nicht lieben – was verlieren Sie also an einem Mann, den Sie nicht (mehr) lieben.

Und wenn er sagt: Ich verlasse dich wegen deiner Kälte, wegen deiner Lieblosigkeit, wegen deines Desinteresses an mir, dann können Sie doch eigentlich nur zustimmend nicken. Oder?

Die Lebensalter (männlich)

Der Mann um die Zwanzig, soweit man ihn in diesem Alter schon als solchen bezeichnen kann, will, ob bewußt oder unbewußt, vor allem eine Partnerin, mit der zusammen er die Liebe genießen kann. Er will Schönheit, Leidenschaft, Ekstase, und er will zusammen mit »ihr« die Liebe lernen; möglichst ohne dabei als Schüler dazustehen.

Die Vorstellungen der jungen Männer von Liebe sind, erfreulicherweise für sie, noch nicht von allzuviel (wirklichen) Erfahrungen ge- oder zerstört. Häufig wechselnde Partnerschaften ändern daran wenig, denn erst eine Liebe, die länger gedauert hat, kann diese existenzbedrohenden Schmerzen und Verletzungen hervorrufen, die nun einmal zu den notwendigen Reifeprozessen gehören.

Liebe als nicht endendes Glück oder – andersherum – als stets wiederholbares Glück, das ist anfangs die Vorstellung die der Mann vom »Krieg der Geschlechter« hat. Der Glaube, es genüge, körperlich einigermaßen anziehend zu sein, »taff« oder »cool«, um jederzeit und überall »eine« fürs Bett und manchmal fürs Herz zu finden, endet zwar mit der Zeit durch (ganz andere) Erfahrungen, aber erst einmal ist es doch für die meisten eine schöne Zeit.

Etwas später dann, so um die Dreißig, wenn vor allem berufliche Beanspruchungen jeden erreicht haben, wenn weniger Zeit und weniger Leichtigkeit vorhanden sind, schlägt allmählich bei fast allen, die gesellschaftliche und erbbiologische Programmierung durch, ebenso wie bei den Frauen.

Jetzt soll es nicht mehr irgendeine sein, sondern eine bestimmte, eine, die bleibt und bei der man(n) bleibt. Vorstellungen und Vorlieben haben sich verfestigt, auch was die Liebe anbelangt. (Man(n) ist jetzt nicht mehr ständig auf der Suche, man(n) will seine eigenen vier Wände, seine »eigene« Frau, vielleicht auch Kinder, kurz, Ordnung im Leben und im Liebesleben.

Die Liebe stellt er sich jetzt vor, als etwas, das dauert. Er wird seine Frau nicht betrügen (oder höchstens ganz selten), sie ihn nie. (Glaubt er.) Man wird zusammenbleiben, Karriere machen, sich gemeinsam etwas aufbauen – und für immer glücklich sein.

Jenseits der Vierzig sind ihm schon alle Blessuren ins Gesicht geschrieben; die Figur (seine und ihre) ist nicht mehr ganz so knackig, des Haares Fülle hat sich verflüchtigt (bei ihm, bei ihr ist es jetzt gefärbt), die Kinder nerven, wenn es welche gibt, und die Karriere, selbst wenn sie stattgefunden hat, macht auch nicht so glücklich wie man(n) dachte. Die Liebe ist jetzt das, was man versäumt hat – und noch schlimmer, das was man(n) täglich versäumt. Die Männer, die jetzt treu sind, sind es meist, weil ihnen (zu Recht) ihr Selbstvertrauen und der Glaube an die eigene Anziehungskraft verlorengegangen ist.

Der Schwung, den Sie vor 20 Jahren einmal hatten, ist längst und unwiederbringlich dahin; jetzt können Sie nur noch mit der Brieftasche winken (wenn die voll genug ist). Der sogenannte zweite Frühling, besser die midlife-crisis, die jetzt für jeden beginnt, ist nichts anderes, als die tiefempfundene Angst, daß bald »alles« vorbei sein wird.

Der Mann jenseits der Fünfzig, der in den besten Jahren (was nur heißt, daß die guten vorbei sind), will eigentlich hauptsächlich seine Ruhe, häuslichen Frieden – und eine junge, schöne Frau, die ihn »trotzdem« liebt, und die ihm vor allem treu ist.

Natürlich weiß er, wenn er dieses Risiko eingeht, tief in seinem Innern, daß dies nur fromme Wünsche sind. Die Gründe, warum diese Frau mit ihm zusammenliegt (manchmal auch nur lebt), können eigentlich nur wirtschaftliche sein. *Merke:* Wenn ein Mann in diesen Jahren eine junge Frau hat, dann ist die Wahrscheinlichkeit, daß sie sich, zumindest gelegentlich, den für sie notwendigen Lustgewinn bei einem anderen, jüngeren holt, beinahe eine 100prozentige. Die Biologie ist eben eine berechenbare Größe.

Nach Erreichen der Sechzig gibt es eigentlich nur noch drei Möglichkeiten: Man(n) ist allein und bleibt es auch. Oder: Das rührende (und äußerst seltene) Bild von Philemon und Baucis bietet sich dem Betrachter, das Bild von zwei Menschen, die miteinander durch das Leben gegangen sind, die sich durch alle Höhen und Tiefen die Treue gehalten haben (nicht nur körperlich) und die gemeinsam alt geworden sind. – Ach ja, schön wär's. Normalerweise aber sieht es so aus, daß die beiden zwar gemeinsam alt geworden sind, aber jetzt nur noch aus Bequemlichkeit beieinander sind – und weil sich auf der langen Wegstrecke nichts Besseres mehr gefunden hat. Diese zwei haben sich längst nichts mehr zu sagen und fühlen kaum mehr etwas füreinander.

Aber das ist ja immer noch besser als im Alter allein zu sein – und letztlich ist das auch eine Art von Liebe, wenn auch eine traurige.

Das Leben hört dann auf, wenn man auf nichts mehr wartet, wenn man nichts mehr erhofft; man wartet dann eigentlich nur noch auf das Sterben. – Und dasselbe gilt für die Liebe.

Die Lebensalter (weiblich)

Die Frau um die Zwanzig ist mittendrin in der Suche. Einmal versucht sie immer noch (sie »testet« ja erst seit wenigen Jahren) herauszubekommen, wie die Männer wirklich sind, ob die ersten Erfahrungen, die ein Glücksfall gewesen sein können, aber auch eine herbe Enttäuschung, typisch für das ganze männliche Geschlecht sind. Zum anderen sucht sie sich selbst noch, die Quellen ihrer Lust oder ihrer Unlust.

Das ist die Zeit, in der bei vielen der Eindruck entsteht, daß die Männer »immer nur das eine« wollen, womit sie ja gar nicht so unrecht haben. Da Frauen dieses Alters selten die gleiche sexuelle Gier entwickeln wie die jungen Männer (das kommt dann später) fühlen sie sich oft »überfordert « oder sogar abgestoßen.

Die Tatsache, daß die männliche Sexualität (und auch die Potenz) um die Zwanzig am stärksten ist, ist den meisten der so heftig Bedrängten ja nicht bekannt. Die Frau um die Zwanzig will Liebe und Sex, die Männer um die Zwanzig wollen Sex und Liebe. Aus dieser unterschiedlichen Reihenfolge entwickeln sich die hauptsächlichsten Mißverständnisse und Probleme, die die jungen Menschen in der Liebe miteinander haben.

Weil also der sexuelle Hunger der jungen Damen meist erheblich geringer ist als der ihrer gleichaltrigen Partner, legen sie wesentlich mehr Wert auf das Beiwerk der Liebe, als da sind: Romantik, Zukunftspläne, seelische Streicheleinheiten und Treue.

Aus dieser Unverträglichkeit der Wünsche und Vorstellungen resultiert übrigens auch der Hang vieler junger Damen zu älteren Partnern (älter als um die Zwanzig) – und nicht nur aus dem Schielen nach dem dicken Wagen und der wohlgefüllten Brieftasche. – Darauf allerdings auch.

Da die Fortpflanzungsaktivitäten aus vernünftigen Gründen von der Natur nur für die Zeit gedacht waren, in der Kraft und Vitalität in voller Blüte stehen, ändert sich die Einstellung zu Liebe und Partnerschaft im Laufe der Zeit. Machen Sie sich bitte eines bewußt: Ab etwa Ende Zwanzig geht es (mit uns allen) nur noch abwärts, körperlich und geistig. Es gibt ganz wenige Sportarten, in denen Höchstleistungen nach dem Ende der »Jugend« noch möglich sind, und kaum eine revolutionäre wissenschaftliche Erkenntnis stammt von jemandem jenseits der Dreißig.

Kraft und Genialität sind ein Vorrecht von halben Kindern, den anderen bleibt nur noch die Anwendung von Erfahrungswerten und vordem gesammeltem Wissen – und, längst verdrängt und vergessen, bis vor etwa 1000 Jahren (und das ist nur eine Sekunde in der Menschheitsgeschichte) starben die Männer und Frauen häufiger schon vor dem vierzigsten oder fünfzigsten Lebensjahr an (noch) nicht heilbaren Krankheiten, an Seuchen oder einfach an den »Lebensumständen«, die Frauen etwa auch am Kindbettfieber oder bei Geburten. Was man heute die »besten Jahre« nennt, wurde damals von einem Teil der Bevölkerung gerade noch erreicht.

Um so erstaunlicher ist es, daß Frauen erst jenseits der Dreißig das größte Vergnügen an der Sexualität haben. Sie kennen jetzt sich, ihre Wünsche und ihren Körper ganz genau. Jetzt sind sie nicht mehr bedrängtes Lustobjekt, sondern fordernde Partnerinnen im Spiel der Liebe und beim Liebesspiel.

Vielleicht liegt es auch daran, daß sich ihre Familienträume bis dahin entweder schon erfüllt haben oder aber verdorrt sind, daß aus dem Fortpflanzungstrieb etwas wie die Lust an der Lust geworden ist. Vielleicht haben die Frauen bis dahin aber auch ganz einfach herausgefunden, daß es mehr Spaß macht, an einer Sache beteiligt zu sein als nur das Objekt für das Vergnügen des anderen zu sein.

Wehe dem Ehemann, der nicht dafür gesorgt hat, daß Kinder oder Beruf jetzt den größten Teil ihrer Zeit und Energie beanspruchen. Er wird sich eine Geweihsammlung anlegen, um die ihn jeder Oberförster beneiden würde, denn Liebe ist für die Frau um die Dreißig fast ausschließlich möglichst ausführliche und phantasievolle sexuelle Befriedigung.

Das dürfe auch der Grund dafür sein, daß (alle) Ehefrauen dieses Alters ihre Männer betrügen, wenn nicht gerade heute, dann gestern, sonst bestimmt morgen.

Logisch: Ein Liebhaber muß ja auch ganz andere Qualitäten haben als ein Ehemann und Kindsvater – und die Fähigkeiten, die der Grund waren, warum sie ihn damals vor zehn Jahren ausgesucht hat (es ist immer sie, die ihn aussucht), sind ganz andere als die, die ihr heute Vergnügen bereiten. Das alles allerdings immer vorausgesetzt, ihr Familienleben ist geordnet (und damit eigentlich schon abgehakt). Sollte die Frau über Dreißig nicht verheiratet sein oder wenigstens geschieden, dann bekommt sie jetzt allerdings Torschlußpanik. Sie weiß, daß ihre Reize allmählich zu schwinden beginnen und in absehbarer Zeit ganz nachlassen werden – und ein Leben ganz ohne Familie, ohne Kinder, ohne Mann oder ohne beides erscheint den meisten schwer zu ertragen zu sein.

Die Frau jenseits der Vierzig lebt, was die Liebe angeht, in ständiger Angst, ob eingestanden oder unbewußt, ob mit Grund oder grundlos, weil sie weiß, daß die biologische Uhr gnadenlos läuft. Sie fürchtet, wenn sie einen Partner hat, daß dieser sie fortwährend mit jüngeren »Konkurrentinnen« vergleicht; wenn sie keinen oder keinen mehr hat, dann fürchtet sie, für den Rest ihres Lebens alleine bleiben zu müssen. Ihre Vorstellungen von Liebe sind, wenn sie gelebt und geliebt hat, entweder von Ernüchterungen geprägt oder – wenn sie nicht allzuviel (Liebes-)Glück gehabt hat, von Verbitterung; große Erwartungen hat sie nicht mehr, denn, ach, »in demselben Flusse schwimmen wir kein zweites Mal«.

Jenseits der Vierzig wird es dann bitter. Wer nicht schon früher dafür gesorgt hat, daß er/sie geliebt wird, wer sich bis dahin keine Liebe verdient hat, der hat dieses Glück wohl versäumt. Die Liebe, die ein Mensch braucht, wenn die Jugend sich endgültig verabschiedet (und er braucht sie wie die Luft zum Atmen), kann es nur geben, wenn sie über die Jahre gewachsen ist, wenn zwei wenigstens einen Teil des Weges zusammen gegangen sind – und zusammengehalten haben.

Die Frau jenseits der Fünfzig oder gar Sechzig? – Nobody loves you when you're old and grey (sorry). – Ansonsten siehe oben.

Die Moral

Die jeweils herrschende Moral, denn natürlich verändern sich die Moralvorstellungen laufend, ist selbstverständlich nichts anderes als ein Spiegelbild der jeweiligen Gesellschaft. Da die Regeln des menschlichen Zusammenlebens aber seit den letzten Jahrtausenden ausschließlich von den Männern bestimmt wurden (und immer noch werden), sind auch die Vorstellungen von Moral von rein männlichen Interessen bestimmt.

So wie lange Zeit (weibliche) Jungfräulichkeit bis zur Ehe ein absolutes Muß war, so wie Ehebruch (weiblich) zur Verurteilung durch die Gesellschaft und Ausstoßung aus derselben führten (siehe: Effi Briest, Anna Karenina, Madame Bovary), so restriktiv waren auch sonst in den vergangenen Jahrhunderten die moralischen Regeln – und so einseitig.

Die ganze Heuchelei des christlichen Abendlandes zeigt sich in dieser Doppelmoral; auch im Judentum und im Islam ist Ehebruch ein schweres, hier sogar todeswürdiges Verbrechen gegen die Regeln der Gesellschaft, nur in diesen beiden Religionen büßten beide, Mann und Frau. (Hinrichtung durch Steinigung.)

Ein Mann, der Geliebte (oder besser Beischläferinnen) sammelt wie Briefmarken, gilt als Teufelskerl und wird bewundert (nicht nur von Männern), eine Frau, die dasselbe tut, ist eine Hure, ein leichtes Mädchen, eine, die eben jeder haben kann.

Und wenn er sich seine Erfolge erkauft durch teure Geschenke oder gleich durch Bares, tut das seinem Nimbus keinen Abbruch. Und wenn sie es nur aus Liebe tut oder aus

Leidenschaft oder einfach aus Neugier, es hilft ihr nichts, man(n) – und komischerweise auch »frau« – wird sie verurteilen.

Zugegeben in den letzten Jahren hat sich einiges verändert, aber die alten Regeln werden noch eine ganze Weile in den Köpfen herumspuken.

Ich will ja nun wirklich nicht dauernd auf unserer (meiner nicht) Mutter, der heiligen Kirche, herumhacken, aber wenn man der Wahrheit die Ehre geben will, dann bleibt einem tatsächlich nichts anderes übrig. Eine Institution, die über Jahrhunderte die eine Hälfte der Menschheit als unrein verteufelt hat, als Gefäß der Sünde, die noch heute die Frauen von allen kirchlichen Ämtern ausschließt, die ihrem Personal die Ehelosigkeit vorschreibt, damit die Herren Priester und Kirchenoberen ja nicht von diesen sündigen Geschöpfen zu so verwerflichen Dingen wie fleischlicher Lust verführt werden, eine solche Institution kann wohl mit Fug und Recht als lebens-, lust- und damit auch menschenfeindlich bezeichnet werden.

Sollte übrigens so ein Gottesdiener trotzdem hin und wieder der Lust frönen, so ist dies zwar eine schwere Sünde, kann aber mühelos und sofort durch Absolution bereinigt werden. Kinder, die aus solchen »Fehltritten« entstehen, werden übrigens von der Kirche alimentiert – sofern sich die Mutter schriftlich verpflichtet, niemals den Vater zu nennen.

Natürlich ist die Mutter (Kirche) nicht die einzige, die an der Moral interessiert ist, auch der Vater (Staat) hat seine Interessen. Die Ehe steht unter dem besonderen Schutz des Staates (so steht es im Gesetz), denn nur was geregelt ist, ist überschaubar, kontrollierbar und damit beherrschbar.

Kinder müssen sein, früher, weil der Kaiser Soldaten brauchte, heute, weil ja irgendwer die Renten zahlen muß. Da aber Kinder teuer sind, muß jemand da sein, der die Kosten trägt. Stellen Sie sich einmal die unmögliche Situation vor, wenn der Kaiser die Menschen, die er später auf den Schlachtfeldern verheizte, bis zu ihrer Verwendung hätte ernähren müssen – unbezahlbar. Nein, für das Heranziehen des Kanonenfutters mußte jemand anders die Kosten übernehmen, nämlich die Familie (sprich Vater und Mutter); deshalb stand und steht die Ehe unter dem besonderen Schutz des Staates. – Und heute ist es nicht viel andes, wer die Kosten (und natürlich auch die Mühen) auf sich nimmt, Kinder großzuziehen, ist des Dankes des Vaterlandes (oder der Bundesregierung) sicher – aber damit hat es sich auch.

Kinder sind in der Tat für den Fortbestand der Nation nötig, denn Nutzen haben alle, die Kosten tragen die, die sich moralisch verhalten. Wenn Ihnen also jemand etwas von Moral erzählt, dann sollten Sie es halten wie die alten Römer, die zuerst immer fragten: »cui bono« (wem nützt es) – und Sie werden feststellen, daß es meist dem nutzt, der von Moral redet und selten Ihnen selbst. Moral heißt meist mehr Pflichten und weniger Vergnügen – und wer will das schon?

Hinweis an Frauen und Männer:
Seid so unmoralisch wie ihr wollt, wenn es Vergnügen oder Lust mit sich bringt – und anderen nicht schadet. Denn Moral ist einerseits eine Erfindung derer, die euch beherrschen und benutzen wollen – und andererseits derer, die zu alt, zu feige oder zu verknöchert sind, um sich selbst den Spaß zu gönnen, den sie euch verbieten wollen.

Scham und Schamlosigkeit

Die Annahme, daß den Menschen so etwas wie Schamgefühl angeboren ist, ist der pure Unsinn. Sehen Sie sich doch die Kinder an, die nackt und fröhlich an allen Stränden der Welt spielen. Auch der Glaube, daß sich Schamhaftigkeit sozusagen automatisch mit der Pubertät einstellt, wenn die sekundären und primären Geschlechtsmerkmale nicht mehr zu übersehen sind, ist ein Irrglaube; die Naturvölker beweisen uns das Gegenteil.

Die Schamhaftigkeit der erwachsenen »zivilisierten« Menschen hat meist einen ganz einfachen Grund. Es ist die (häufig berechtigte) Erkenntnis, daß sich nicht alles zum Herzeigen eignet, mangels Masse und Qualität. Diese Rücksichtnahme auf das Schönheitsgefühl zeichnet allerdings leider nicht alle aus. Die Ellenbogenmenschen, die, die sich auch sonst nicht um die Gefühle der anderen kümmern, haben auch keine Skrupel, ihre Bierbäuche, Hängebusen oder breitgesessenen Hinterteile den angewiderten Nachbarn am Strand oder sonstwo zu präsentieren. Subtiles Empfinden und Erfolgsdenken schließen sich halt leider fast immer gegenseitig aus.

Eine andere Form der Schamhaftigkeit ist hingegen vielmehr Raffinesse und damit eigentlich eher Schamlosigkeit. Wir wissen alle, daß knapp oder gerade noch Verhülltes um vieles aufregender ist als die Nacktheit pur. Der Tanga, die Dessous, die fast nichts mehr verbergen, wirken deshalb so stimulierend, weil ein winziger, aber wesentlicher Rest an Geheimnis bleibt.

Aber um von dem Normalbürger, der Normalbürgerin zu sprechen: Die Schamhaftigkeit ist also auch immer die Angst, nicht schön genug, nicht vollkommen zu sein. Was läßt sich nicht alles hinter einem Kammgarnanzug, hinter einem Kaschmirkostüm verbergen. Ganz ehrlich, wie vielen Menschen sind Sie schon Auge in Auge gegenübergestanden oder gelegen, deren Körper wirklich makellos war? – Eben!

Wirklich schamlos können wir alle nur sein, wenn ein Höchstmaß an Vertrauen vorhanden ist; wenn wir mit einem geliebten Partner, einer geliebten Partnerin zusammen sind, wenn wir wissen, daß Leidenschaft und Liebe nicht (mehr) eine Frage des »Goldenen Schnitts« sind, sondern von innen kommen oder direkt aus dem Zentrum des Sexualtriebes.

Liebe bedeutet ja zuallererst, den/die andere/n so haben zu wollen, wie er/sie ist. Keine ist schöner, keiner ist begehrenswerter als der/die Geliebte, wie immer sie auch aussehen mögen. Deshalb steigen die beiden miteinander in die Badewanne, deshalb rasiert er ihr die Schamhaare (wegen des Tangas) und deshalb ist sie glücklich, wenn sie seinen Körper auf (oder unter) dem ihren fühlt. Und deshalb sind sie auch (hoffentlich) schamlos, wenn sie alleine miteinander sind.

»Und sie sahen einander nackt, da erkannten sie sich und sie fanden Gefallen aneinander.« Das ist das Paradies – und ist es nicht in der Tat paradiesisch, völlig ohne Scham zu sein, nackt bis ans Herz hinan, jeder für den (einen) anderen?

Laßt uns also schamlos sein, wenn wir lieben, und schamhaft vor Fremden.

Aber Schamlosigkeit bezieht sich ja nicht nur auf das Optische. Das Wesentliche, das eigentlich Ungeheuerliche ist die geistige, die moralische Abwesenheit von Scham.

Nicht (nur), wenn wir uns nicht mehr scheuen vor dem/der anderen, völlig nackt zu sein, überschreiten wir die anerzogenen Grenzen von Sitte und Anstand. Die körperliche Liebe und ihre Spiele sind von so vielen Tabus umstellt, daß wir nur, wenn wir wirklich lieben oder aber einer alles verzehrenden Leidenschaft ausgesetzt sind (verzehrend wie Flammen, ausgesetzt wie ein hilfloses Kind), in der Lage sind, die tief eingepflanzten Grenzen der Moral zu überschreiten.

Um wie vieles, um wieviel Glück und (sexuelle) Befriedigung bringen wir uns nicht selbst, weil wir nicht schamlos genug sind, uns und dem/der Geliebten einzugestehen, was wir uns eigentlich wünschen, was uns wirklich beglücken, was uns bis ins Innerste befriedigen (und zufrieden machen) würde? Also noch einmal: Laßt uns schamlos sein – wenn wir lieben – (und zwar völlig) und schamhaft vor Fremden.

Wer den Wind ersehnt…

Wir alle gehen durch die Tage und die Nächte mit der Sehnsucht nach Liebe. Natürlich wissen wir nicht genau, was das ist: Liebe; aber die Sehnsucht danach, die haben wir alle (es sei denn, sie wäre schon erstickt worden durch eine Partnerschaft, durch das Alter, durch Selbstaufgabe). Was wir wollen und suchen ist Verständnis, Zärtlichkeit und natürlich auch Leidenschaft, die sexuelle Erfüllung, die, wie wir alle wissen, so selten ist.

Wir suchen nach jemandem, der neben uns geht, sitzt, schläft, der/die mit uns lacht und trauert, der/die sich mit uns über unsere Erfolge freut und uns tröstet, wenn wir unglücklich sind (lindere meinen Kummer…). Wir suchen nach jemandem, der unsere Träume mit uns träumt auch oder gerade, wenn sie nicht in Erfüllung gehen. Dabei wissen wir genau, daß wir eigentlich nicht liebenswert sind, wir kennen uns am Morgen, nach einer durchzechten Nacht, wir kennen uns, wenn wir nicht »gut drauf« sind – und wir haben alle einen Spiegel zu Hause.

Wir möchten, daß »der Wind weht«, aber wir haben eine (vielleicht sogar unbewußte) tiefe Angst vor dem Sturm. Wir wollen nicht mitgerissen werden.

Der Sturm entwurzelt Bäume, er deckt das Dach ab – und wir wollen nicht, daß unsere »Bäume«, die ohnehin nicht in den Himmel wachsen, entwurzelt werden, wir wollen auch nicht »das Dach über dem Kopf« verlieren. Deshalb erschrekken wir, wenn aus einem Versuch, der ja noch nichts zu bedeuten hatte, nach einer ersten, unverbindlichen Verabredung mit einem Male etwas wird, das wir nicht mehr kontrollieren können, wenn plötzlich das Klingeln des Telefons rasendes Herzklopfen hervorruft – oder andersherum –, wenn uns das Schweigen des Telefons in tiefe Depressionen stürzt, wenn wir dreimal am Tage im Briefkasten nachsehen, obwohl die Post ja, bekanntermaßen, nur einmal am Tag kommt.

Wenn wir selbstsicher waren, dann sind wir es jetzt nicht mehr, wenn das Leben grau war, ist es jetzt ein Kaleidoskop von Farben. Wir befinden uns (und dagegen hilft gar nichts) im Zustand der Unzurechenbarkeit. Kurz und einfach gesagt: Die Liebe hat uns erwischt.

Wer einmal diese Wechselbäder der Gefühle erlebt hat (das erste Mal ist man vielleicht 14 oder 16 und hat keine Ahnung, was mit einem geschieht), fürchtet sich vor diesem Zustand und sehnt ihn gleichzeitig herbei.

Nur, hierbei kann man nicht aus Erfahrung lernen, im Gegenteil, es wird von Mal zu Mal schlimmer. Was bei Halbwüchsigen noch wie ein Schnupfen ist, wird später zur Grippe (und die kann dauern). Wenn es uns noch später erwischt, dann ist es meist schon eine Lungenentzündung (die, unter Umständen, tödlich sein kann) – das ist dann das, was die Psychologen die »midlife-crisis« nennen.

Nun ist es nicht immer so, daß wir Wind säen und Sturm ernten, im Gegenteil, die meisten Affären, Liebschaften, Verhältnisse sind eher (nach einiger Zeit) langweilig; allmählich sterben die Gefühle an Unterernährung, die Zärtlichkeiten werden zur Gewohnheit und manche Eigenschaften des Partners, die wir früher einmal lustig fanden, sind jetzt nur noch albern. Kleinere Schönheitsfehler, die wir »damals« kaum bemerkt haben, stoßen uns plötzlich ab, und Eigenheiten des Partners, die wir früher einfach nicht zur Kenntnis genommen haben, sind uns auf einmal überaus lästig. Kein Herzklopfen, kein Rausch der Sinne, keine rosaroten Wolken auf denen wir schweben; aber bedauern wir das wirklich? Ist sie nicht viel »gesünder«, viel »vernünftiger«, diese Liebe auf Sparflamme?

Ein Gefährte/eine Gefährtin, jemand der die Gefahren (daher kommt das Wort schließlich) des Alltags mit uns besteht, der sich mit uns über die Mietsteigerung ärgert und die sich über die Gehaltserhöhung mit uns freut, das ist die normale, die Alltagsliebe, das ist der Wind, den wir ersehnen. Der Sturm, das ist eher etwas fürs Kino, für die dicken Romane. Der Sturm, das ist *Angélique* oder *Vom Winde verweht*. Und einmal ehrlich: Wie soll das zusammenpassen, die Leidenschaft, die uns alle Gedanken und alle Kraft raubt – und der Job im Kaufhaus; Eifersucht, die uns zerfrißt, Liebesraserei und der Schreibtisch im Konstruktionsbüro? Na eben! Also ein bißchen Wind, damit das Leben nicht ganz leer ist – aber um Gottes willen keinen Sturm.

Das ist alles richtig, aber nur solange bis er kommt, der Sturm, der alles mit sich fortreißt und der uns am Ende entwurzelt, zerstört und verzweifelt zurückläßt (bis irgendwann die Wunden wieder verheilt sind und wir anfangen, die Narben kaum mehr zu kennen).

Es wird zwar immer Menschen geben, die das Gefühl, wirklich zu leben, nur dann haben, wenn sie sich mit allen Fasern spüren, die den Rausch brauchen, die in allem bis zu den Grenzen gehen müssen, auch in der Liebe, aber seien Sie ehrlich zu sich selbst, gehören Sie zu denen? Lohnt sich soviel Leid, soviel Schmerz, soviel Verzweiflung? Denn darauf läuft es doch letztlich immer hinaus.

Und das Wichtigste von allem: Der Sturm erfaßt fast immer nur einen von den beiden. Natürlich gibt es das, daß zwei Menschen vom gleichen »Liebes-Wahnsinn« befallen werden, für ein paar Wochen oder Monate, aber dann bleibt einer zurück, während der andere immer noch vorwärts geht (stürmt). Wenn eine solche Passion für beide bis zum Ende dauern soll, dann muß das Ende bald kommen, so wie bei Romeo und Julia, sonst wird (mindestens) einer von beiden schrecklich leiden.

Liebe *ist*: Ohne einen bestimmten Menschen unglücklicher zu sein, als mit ihm. Liebe *sollte sein* – Leidenschaft *muß nicht* sein. Bedenken Sie doch: Keinen klaren Gedanken mehr fassen können, hohläugig und bleich durch die Gegend zu laufen, zu seufzen und zu klagen, sterben zu wollen, weil er/sie einen nicht (mehr) liebt. Wollen Sie das wirklich? Also: Mast- und Schotbruch und guten Wind, wie die Segler sagen – und bloß keinen Sturm. --- Oder doch?

Coup de foudre
(der Blitzschlag der Liebe)

Es geschieht nicht vielen Menschen, daß sie der Blitzschlag der Liebe trifft, aber die, denen es passiert, sind unfähig, sich zu wehren, gegen das, was mit ihnen vorgeht. Es ist, als hätten sie keinen Verstand mehr, als hätten sie niemals irgendwelche Erfahrungen gemacht – als hätten sie niemals vorher geliebt. Es kann der Gymnasialprofessor sein, der einer Hure begegnet (*Professor Unrat* bzw. *der Blaue Engel*), eine adelige Gutsbesitzerin und Ehefrau, die einem Reitknecht verfällt *(Lady Chatterly)*, oder ein Admiral (und Nationalheld), der einer Kokotte wegen seinen Ruf aufs Spiel setzt; mit einem Male werden Moral, soziale Unterschiede, Schönheitsideale gegenstandslos.

Romeo sieht Julia und die Liebe zu Roslinde, die der Inbegriff von Schönheit für ihn war, die, für die er seufzte, um die er litt, existiert nicht mehr, von einem Augenblick zum anderen. Romeo begibt sich (ebenso wie Julia) in Lebensgefahr, bricht Gesetze und stirbt, weil er ohne sie nicht leben will, ebenso wie sie stirbt ohne ihn.

Dazustehen wie vom Blitz getroffen, wie vom Donner gerührt, die Welt nicht mehr zu sehen, das bisher gelebte Leben auszulöschen, Menschen zu verletzen und zu verlassen, die man bisher geliebt hat, sich finanziell und moralisch zu ruinieren, das ist etwas, was man sicher keinem Menschen wünscht, am wenigsten sich selbst – und doch geschieht es.

Ich selbst habe mit eigenen Ohren eine Frau (mit 38 Jahren) sagen hören: Es ist mir egal, ob sich meine Familie von mir abwendet, ob mich meine Freunde verachten, ja sogar, ob ich meine Tochter verliere – und wenn ich sieben Kinder hätte, ich würde sie alle verlassen, nur um bei *ihm* zu sein. Und er? Er hat ebenfalls seine Frau verlassen, nach fast zwanzigjähriger Ehe, seine Kinder – ohne Bedauern, ohne Skrupel, so als hätte es sie nie gegeben.

Sie sehen, weder Liebe (die normale) noch Verantwortungsgefühl, noch Reife oder Erfahrungen schützen davor, eines Tages aus heiterem Himmel, vom »Blitz« getroffen zu werden – und glauben Sie mir, es gibt nichts, was Sie davor schützen könnte, wenn es Ihnen bestimmt ist.

Wieviel Leid Sie damit auch anderen zufügen werden, wie sehr es Ihr (bisheriges) Leben auch zerstören mag, Sie werden sich nicht wehren können, und auch die Gewißheit, daß ein solches Übermaß an Leidenschaft nicht zu einem dauerhaften Glück führen kann, wird Sie nicht zurückhalten.

»Es gibt nichts, was diese Liebe je wird zerstören können« (Originalzitat obigen Paares und vermutlich all der anderen Paare). Ach ja, das glaubt »mann/frau« wohl, aber am Ende stehen sie vor den Trümmern ihres Lebens, wenn die Leidenschaft nicht tödlich endet, für den einen oder den anderen oder für beide. – Und wenn es das nicht ist, dann ist es die Zeit, die alles verändert und vieles zerstört. Ich würde Ihnen gerne sagen, wo Sie einen Blitzableiter bekommen, aber leider, den gibt es nicht.

Hinweis an die Frauen und an die Männer:
Es gibt den Wind, es gibt den Sturm – und es gibt den Blitz; Liebe, Leidenschaft und (Selbst-)Zerstörung. Sie können eine Kerze abbrennen, Sie können sie an beiden Enden anzünden und Sie können sie gleich ganz ins Feuer werfen, aber leider, leider, Sie können nicht selbst bestimmen, was davon Sie tun.

98 Prozent Huren – 2 Prozent Heilige

Zur Zeit der Monarchien und Duodezfürsten konnte jede Modistin, jedes Stubenmädchen, genaugenommen jede Hure, zur Gräfin aufsteigen, sei es durch Scheinehe mit einem Höfling, sei es durch den einfachen (und für den Spender erfreulich billigen) Akt der »Erhebung« in den Adelsstand. Alles, was sie dafür zu tun hatte, war dem Herrn ein wenig zu gefallen und ein wenig »gefällig« zu sein.

Das Spiel ist im Grunde bis heute dasselbe geblieben. Jetzt sind es eben der Chef und die Sekretärin, das Model und der Firmenerbe, der reiche Witwer und das Kindermädchen, der Börsenjobber und »pretty woman«.

In allen Gesellschaftsschichten und zu allen Zeiten konnte und kann eine geschickte Frau, die nichts weiter zu tun braucht, als ihre »Gaben« optimal einzusetzen, einen Aufstieg erreichen, für den ein Mann das Talent eines Picasso, die Skrupellosigkeit eines Napoleon und das Charisma eines Kennedy haben müßte.

Fotomodels heiraten Millionäre (und Milliardare), beerben sie fast immer, meist aus biologischen Gründen, und befinden sich dadurch plötzlich im Besitz von Firmenimperien, riesigen Vermögen und Machtpositionen. Häufig werden sie sich allerdings vorher bei einer Scheidung mit erheblichen Summen »abfinden« lassen (wofür eigentlich?), wenn der »Alte« einfach nicht sterben will oder schon ein anderer Reicher wartet;

aber auch das ist schließlich immer noch ein blendendes Geschäft.

Und ihre einzige »Leistung« bestand darin, ein paar Jahre lang einen einigermaßen erfreulichen Anblick geboten zu haben, und die Dummheit, die Blindheit der Spezies Mann etwas geschickter ausgenützt zu haben als ihre Schwestern im Geiste und im Fleische. Diese Frauen haben in der Tat ein optimales, wenn auch in jeder Beziehung unmoralisches, Preis-Leistungs-Verhältnis erreicht.

Damit wir uns nicht falsch verstehen: Es ist nicht so, daß ich diese »armen« reichen Männer wirklich bedauere (Sie werden es auch nicht tun), es ist nur so, daß mich das Verlogene daran stört, daß Frauen (und zwar wirklich die meisten) dazu in der Lage sind, aus rein materiellen Gründen eine Liebe zu heucheln, die ihre Opfer dazu bringt, vor den Altar zu treten und an ihr Glück zu glauben; das finde ich abstoßend, denn jeder dieser armen Kerle heiratet ja wirklich aus Liebe – und einseitige Liebe ist immer etwas Trauriges.

Sie, meine Damen, haben sich vermutlich über die Überschrift aufgeregt oder zumindest geärgert. Gut, wollen wir also einmal klären, was wir unter einer Hure verstehen: Da ist einmal der wirtschaftliche Begriff – eine Hure ist eine Frau, die ihren Körper beziehungsweise die Benutzung desselben gegen Bares verkauft. Sehen Sie einen wesentlichen Unterschied zwischen denen, die an irgendeiner Ecke stehen, und denen, die sich wie oben beschrieben verhalten? Ich nicht!

Dann haben wir noch den sogenannten moralischen Begriff – das »gesunde Volksempfinden«. Die persönlich davon betroffenen (Ehe-)Männer bezeichnen auch eine Frau als Hure, die sich mit jedem Nächstbesten in die Horizontale begibt, obwohl sie das (nach geltender Moral) nicht dürfte – oder zumindest nicht sollte.

Selbst wenn es sich um eine alleinstehende Frau handelt, die nichts tut, als ihrem Vergnügen nachzugehen, aber mit ständig und häufig wechselnden Männern, für die wird diese Bezeichnung dann allerdings von ihrem sozialen Umfeld wie Nachbarn oder Kollegen benützt.

Im allgemeinen Sprachgebrauch ist also jede Frau eine Hure, die entweder gegen Geld oder ihres Vergnügens wegen mit mehreren Männern intim wird. Damit fallen also nur treue Ehefrauen, die nicht um des Geldes oder ihres Vorteils willen geheiratet haben, nicht unter diese Kategorie. Und da es treue Ehefrauen nicht (oder äußerst selten) gibt... So komme ich auf die 98 Prozent. Die treuen, braven und »dummen« Ehefrauen, das sind dann logischerweise die restlichen 2 Prozent – und ich glaube wirklich nicht, daß es wesentlich mehr sind –, und Sie werden es auch nicht glauben, wenn Sie sich mit wachen Augen etwas umsehen.

Natürlich gibt es auch noch Nonnen mit Keuschheitsgelübde, einsame Mauerblümchen (fast) ohne jede Anziehungskraft und praktizierende Emanzen – aber die sind alle schon in den 2 Prozent enthalten.

Hinter jedem erfolgreichen Mann steht eine kluge Frau

In den Vereinigten Staaten, seit einiger Zeit die Vorreiter unserer »Kultur und Lebensart«, werden neuerdings zu den Einstellungsgesprächen, zumindest wenn es sich um eine Führungsposition handelt, die Kandidaten zusammen mit ihren Ehefrauen eingeladen. In der richtigen (?) Erkenntnis, daß die Leistungsfähigkeit eines Mitarbeiters wesentlich von seinen häuslichen Um- oder auch Zuständen abhängt. In der Tat, ein Mann, der an seinem Arbeitsplatz etwas leisten soll, braucht ein geordnetes Zuhause.

Junggesellen, die jeden Tag aus einer anderen Richtung ins Büro kommen, sind dem Arbeitgeber, zu Recht, verdächtig; deutet doch ein solchermaßen zügelloses (Sexual-)Leben auf Unbeständigkeit und vor allem auf außerberuflichen Kräfteverschleiß hin. Merke: Nicht für das Leben, sondern für die Firma leben wir.

Nur, wer weiß, wofür er sich abrackert (und abrackern muß), tut dies auch gern. Kommen Sie mir jetzt nicht mit Konsumzwängen und Statussymbol-Lust der Singles. So mancher, unabhängige Mann hat urplötzlich auf den Sonne-Palmen-Barcadi-Urlaub verzichtet, seinen Sportwagen verkauft, die Designer-Klamotten zum Secondhandshop getragen und sich einen mehr als Dreitagebart wachsen lassen, ohne deswegen unglücklicher zu sein; ganz einfach, weil er dafür eine ganze Menge mehr Selbstbestimmung eingetauscht hat.

Nein, nein, die Betriebspsychologen und Personalchefs haben schon recht, es gibt nur einen Motor, der den geschätzten Arbeitnehmer, dauerhaft und gnadenlos, zu Leistung und immer mehr Leistung antreibt: die Ehefrau (möglichst noch mit dem einen oder anderen Kind versehen).

Wo der Junggeselle (wenigstens theoretisch) in der Lage ist, seinem Chef, jederzeit, den ganzen Krempel vor die Füße zu werfen, weil er ja nur für sich selbst verantwortlich ist, muß der Ehemann an die lieben Kleinen, die Hypothek für das Einfamilienhaus, die Raten für den Wagen, den Familienurlaub und den täglichen Einkauf im Supermarkt denken – er wird Wut und Ärger hinunterschlucken und brav Männchen machen. – Ja, und so entstehen schließlich die meisten Karrieren.

Andererseits ist es natürlich nicht nur das Verantwortungsgefühl, das der Mann gezeigt hat, als er beschlossen hat, nicht nur für einen, nämlich sich selbst, zu sorgen, sondern gleich für eine ganze Familie, das ihn so wertvoll für das Unternehmen macht, es ist ja auch so, daß der Arbeitgeber in der Ehefrau einen (den besten) natürlichen Verbündeten hat. Beide sind sie, gleichermaßen, daran interessiert, daß »er« möglichst viel leistet, der Unternehmer wegen der Gewinnmaximierung, die Ehefrau wegen des (immer noch zu steigernden) Lebensstandards – nicht zu vergessen das Sozialprestige, wenn »er« wieder eine Stufe nach oben gerückt ist. – Gell, Frau Direktor.

Ich will es aber nicht beim Spott bewenden lassen (Sie wissen schon, »wer den Schaden hat ...«).

Es ist schon wahr, daß das Erbringen von Leistung nur Sinn hat, wenn man weiß, wofür man sie erbringt, aber das ist nur die eine Seite der Medaille.

Selbstverständlich ist es darüber hinaus viel gesünder, ein geordnetes Leben zu führen; Dutzende von medizinischen

Statistiken beweisen das. Junggesellen sterben früher – und das nicht nur, weil sie Raubbau mit ihrer Gesundheit treiben, schließlich, wer sollte ihnen beispielsweise das Rauchen und Trinken verbieten? Die neue Flamme, die er gerade kennengelernt hat? Die doch nicht. (Noch nicht!)

Nein, nein, es kommen noch eine ganze Reihe von anderen Faktoren hinzu: Zum Beispiel macht Einsamkeit krank (offensichtlich mehr als häuslicher Ärger), Männer als Einzelwesen ernähren sich auch meist auf eine erschreckend ungesunde Art und Weise: tagelang keine warme Mahlzeit (Kantinenessen? Ja, ja, sehr gesund, sehr nahrhaft) – und die Vitaminzufuhr beschränkt sich oft auf den Orangensaft im Gin. Aber – so meinen Sie – es gäbe doch auch erfolgreiche (und gesunde) Männer, hinter denen keine Frau steht, um sie anzutreiben? Richtig und falsch: Denn so groß ist der Unterschied nicht, ob ein Mann immer um ein und derselben Frau willen fleißig ist, oder ob es immer wieder eine neue ist, der er »etwas bieten« will und muß, außerdem, polygam zu leben ist, insgesamt gesehen und auf die Dauer, ganz gewiß auch nicht billiger als so eine traute Angetraute.

Es ist schon so, nur die Frau/en bringt/bringen einen Mann dazu, Karriere zu machen – und ohne diesen »Antrieb« würde unsere (westliche) Wirtschaft sehr schnell absacken. Und was ist der Dank der Konzerne für diese ihre (sozusagen freiberuflichen und auch noch kostenlosen) Mitarbeiterinnen? Sie werden zu den Einstellungsgesprächen mit!eingeladen; – und das ist dann wirklich schon alles.

Ich plädiere daher entschieden dafür, den Frauen mehr Karriere- und Aufstiegsmöglichkeiten zu verschaffen; so mancher Mann könnte sich dann endlich entspannt zurücklehnen und sein Leben genießen.

Samson und Delilah

Es sind gar nicht so viele Dinge, die einen Menschen zerstören können, die ihn/sie auf Dauer hoffnungslos werden lassen. Unheilbare Krankheit, endlose berufliche Mißerfolge, wirkliche Armut, lebensbedrohende politische Verfolgung – aber das alles kommt mehr oder weniger von außen und »mann/frau« kann auf die eine oder andere Art und Weise dagegen ankämpfen.

Wirklich klein machen und völlig zu Grunde richten, mehr als das »Schicksal«, kann einen Mann nur eine Frau, umgekehrt ist dies schon sehr viel seltener und auch unvergleichlich schwieriger. Schon der Apostel Paulus wußte ja: »... denn bitterer als der Tod ist das Weib« (Korintherbriefe). Da ich nicht weiß, wie bibelfest Sie verehrte/r Leser/in sind, will ich die Geschichte von Samson und »seiner« Delilah kurz rekapitulieren, denn ich denke, wenn das, was da geschehen ist, auch schon eine Weile her ist, so ist es doch immer noch geeignet, als informatives Beispiel zu dienen.

Also: Samson war so eine Art Kriegs- und Volksheld, unbesieglich durch seine körperliche Stärke (er hat einmal, nur mit der Kinnlade eines Esels bewaffnet, ein ganzes Heer in die Flucht geschlagen – wahrscheinlich war es nur ein sehr kleines Heer, aber immerhin). Die Philister, die so eine Art Besatzungsmacht auf jüdischem Boden waren, suchten daher nach irgendeinem Mittel, diesen Mann, diese Einmann-Armee, auszuschalten. Womit kann man einen Mann besiegen, der durch Männer nicht zu besiegen ist? Richtig! Nur durch eine Frau.

Hinter einer so übermenschlichen Stärke muß einfach ein Geheimnis stecken, dachten die Philister – und wer könnte in der Lage sein, einem Mann ein lebens- und überlebenswichtiges Geheimnis zu entreißen? Wieder richtig! Nur eine Frau – nämlich über den Umweg der Liebe (oder was der arme Kerl dafür hält).

Eines der größten Rätsel (für mich) ist, daß Männer im Bett einer (geliebten) Frau völlig den Verstand verlieren, obwohl sie das ihren Kopf kosten kann (oder ihr Vermögen oder ihre Stellung). Gelegentlich kostet es allerdings auch den Kopf eines anderen; wenn der, der den Verstand verliert, ein Mächtiger ist, einer, der über Schicksale und Auf- oder Abstieg entscheidet.

Wie viele Karrieren begannen nicht schon oder wurden zerstört, weil die Frau oder Geliebte eines dieser Mächtigen im richtigen Augenblick (ja, genau in dem) für oder gegen einen Kandidaten gesprochen hat. – Johannes (der Täufer) verlor seinen Kopf, weil Salome ihn (den Kopf – und zwar auf einem silbernen Tablett) von König Herodes verlangte – und dergleichen geschieht jetzt, in unserer Zeit, immer noch, nein, nach wie vor, wenn auch nicht immer so blutig. Wie man hört besetzt oder ersetzt (je nach dem) »hinten, fern in der Türkei« die Frau Gemahlin des Staatspräsidenten die Minister nach Belieben, indem sie einfach ihren »Einfluß« geltend macht. Diese Gelegenheiten nennt man daher auch »schwache Stunden«, denn nie und nirgendwo sind Männer so beeinflußbar, so schwach wie im Bett einer geschickten Frau.

Doch zurück zu unserer Geschichte. Die Philister setzten also eine Frau auf Samson an: Delilah. Sie wird wohl ziemlich schön gewesen sein, in jedem Falle aber besonders geschickt, denn es gelang ihr tatsächlich dem »Geliebten« sein Geheimnis zu entlocken. Seine Kraft hing ursächlich mit der Länge seines Haarschopfes zusammen (ich erspare mir an dieser Stelle die Erklärung des Symbolgehaltes). Da sie nun wußte, woraus er seine Kraft bezog, war der Rest ganz einfach. Sie mischte ihm ein Schlafmittel in den Wein – und schor ihm dann den Kopf. Der Rest war ein Kinderspiel. Die Philister kamen, banden ihn und führten ihn fort.

Delilah machte aber zur Bedingung, bevor sie ihn auslieferte, daß er nicht getötet würde. Sie fragen sich warum plötzlich dieser Zartsinn, wo sie ihn doch getäuscht und verraten hatte? Ganz einfach: Die Frauen lieben zwar die Starken, die Sieger (aus genetischen Gründen), aber sie haben Mitleid mit den Verlierern, den Hilflosen (das ist das Mütterliche in ihnen). Die Philister hielten sich an die Abmachung, sie töteten ihn nicht, sie blendeten ihn »nur«.

Der Rest der Geschichte ist für dieses Buch nicht mehr wichtig, aber ich will ihn Ihnen trotzdem nicht vorenthalten. Also: Samsons Haare wuchsen wieder (ein ganz natürlicher Vorgang), seine Kraft kehrte zurück, und er riß, bei günstiger Gelegenheit, nämlich als die Führungsriege der Philister gerade anwesend war, die Säulen des Tempels (an die er angekettet war) ein, und die herabstürzenden Trümmer begruben dann alle Anwesenden unter sich, ihn eingeschlossen.

Da hatte er nun zwar seine Rache an den Philistern, aber sein wirklicher Feind, die Frau, die ihn betrogen und verraten hatte, die ihn um das Augenlicht und letztlich um das Leben gebracht hatte, kam ungeschoren (ja, nicht mal die Haare wurden ihr abrasiert) davon. Was hätte er ihr auch antun können – er liebte sie ja.

Hinweis an die Männer:
Einen Gegner von Mann zu Mann zu bekämpfen, ist nicht nur mühsam und riskant (es könnte ja auch der andere gewinnen), es ist auch völlig unnötig. Wenn es jemanden aus dem Weg zu räumen gilt, sei es ein Präsidentschaftskandidat, ein Richter für den supreme court, ein Minister oder auch nur ein ganz normaler Durchschnittsfeind, dann ist der einfachste Weg der, eine Frau auf ihn anzusetzen. Sie können sicher sein, daß ihr Gegenspieler dann in Kürze erledigt ist (wenn Sie die richtige Frau dafür aussuchen). Er muß ja nicht gleich das Zeitliche segnen, meist genügt es, wenn sie ihm das Herz bricht oder ihn finanziell oder »moralisch« ruiniert; beides schaltet ihn als Konkurrenten für sehr lange aus.

Casanova

Casanova war, Sie werden überrascht sein über diese These, ein »weiblicher« Mann – und alle seine Nachfolger im Geiste und im Fleische sind es ebenso.

Damit ich nicht mißverstanden werde: Ich meine nicht ein weibischer oder femininer Mann; dagegen sprechen schon sein Mut, bewiesen in zahlreichen Duellen, sein Ausbruch aus den Bleikammern von Venedig (auch nicht gerade ein Kinderspiel, vor ihm war das noch keinem gelungen) und seine kriminelle Energie bei Falschspiel und sonstigen Betrügereien. Nein, wenn ich behaupte, er sei ein »weiblicher« Mann gewesen, so deshalb, weil er sich, bei seinen Eroberungen, all der, ach so wirksamen Tricks bediente, die ansonsten und üblicherweise dem weiblichen Geschlecht vorbehalten sind. Er hat die Frauen, sozusagen, mit ihren eigenen Waffen geschlagen (und sie ließen sich gerne »schlagen«). Ein Mann stellt Behauptungen auf, eine Frau macht Versprechungen, das ist ein erheblicher Unterschied. Eine Behauptung ist immer plump und ohne Charme, selbst wenn sie sich als richtig erweist; ein Versprechen ist geheimnisvoll, unwägbar – und ob es sich erfüllen wird...

Jede lesbische Frau wird Ihnen sagen, daß kein Mann jemals so einfühlsam, so zärtlich, so verständnisvoll sein kann wie eine Frau – und sie hat recht damit. Es sei denn, es käme da ein »weiblicher« Mann, aber die sind ja nun leider überaus selten.

Um so zu sein, wie es Casanova war und wie es seine wenigen Nachfolger sind, muß ein Mann alle männlichen

Wertvorstellungen über Bord werfen. Es darf ihn wirklich nichts anderes interessieren als die Liebe, die Frauen – und das, was sich Frauen wünschen.

Alle männlichen Eroberungstaktiken taugen, in Wirklichkeit, nur sehr wenig für die und in der Liebe. Es sind Mechanismen, die letztlich nur nach männlichen Kriterien ausgerichtet sind, nach sozialen und gesellschaftlichen Komponenten. Obwohl die Männer alles, was sie tun, im Grunde nur der Frauen wegen tun, ist es in Wirklichkeit immer das Falsche, denn sie befriedigen zwar mit dem, was sie tun (oder lassen), das weibliche Sicherheitsbedürfnis, aber nie die weibliche Seele – und meist noch nicht einmal ihre Sexualität.

Es ist keine Frau bekannt, die Casanova, nachdem er sich »verabschiedet« hatte, mit Haß verfolgt hätte, selbst die nicht, denen er nicht nur lieb, sondern auch »teuer« war. Alle haben sie ihn in zärtlicher und dankbarer Erinnerung behalten. Er hat sie ja nicht betrogen, er hat ihnen nichts genommen (was ist schon Geld), er hat ihnen etwas geschenkt. Etwas, das sie von keinem anderen Mann bekommen haben; sexuelle Freuden, Zärtlichkeit und Verständnis – und das alles ohne die lästigen Schwüre von Zeit und Ewigkeit und vor allem ohne die üblichen männlichen Besitzansprüche. – Es war ein »Genuß ohne Reue«.

Frauen würden ja so gerne nur lieben, wenn ihnen danach ist (obwohl ihnen eigentlich immer danach ist), allerdings muß dieser Wunsch gelegentlich erst geweckt werden, aber ach, wie leicht wäre das, wie mühelos, wenn, ja wenn man(n) wie Casanova wäre, wenn man(n) bereit wäre, nach den weiblichen Regeln zu lieben, statt nach den ermüdenden und langweiligen männlichen.

Einen Haken hat die Sache allerdings: Alles, was wir von Casanova wissen, wissen wir von ihm selbst, aus seinen Memoiren. Sollte er beim Schreiben allerdings (etwas) gelogen oder sagen wir lieber übertrieben haben, dann, ja dann, gab es ihn vielleicht doch nicht, den (aus weiblicher Sicht) idealen Mann bzw. Liebhaber. Aber was würde das schon heißen. Wer, meine Herren, sollte Sie hindern so zu sein, wie er (dann) gerne gewesen wäre – und wie ihn die Frauen gerne hätten.

Don Juan

Don Juan, das ist der Mannskerl, der mit dem durchdringenden Blick, mit den blitzenden Zähnen, den breiten Schultern und den schmalen Hüften, der mit der Dauererektion; kurz der Prototyp des Penetrierers. – Der, auf den angeblich alle Frauen warten.

Mitnichten, meine Herren, mitnichten. Die (angenommen es stimmt) mengenmäßig erstaunlichen Erfolge dieses »Edelmannes« aber im Spanien des Jahres 1003 sind von jedem einigermaßen attraktiven Playboy unserer Tage ebenfalls zu erreichen, wenn er nichts anderes zu tun hat, über genügend Geld (und damit Zeit) und eine ausreichende Potenz verfügt.

Dieses Sammeln von, ja, wie sag' ich es, Kurzzeit-Beischläferinnen, ist nichts anderes als ein psychischer Defekt (in der Psychoanalyse als »Don-Juanismus« bekannt). Wo Casanova die Frauen zu seinem und ihrem Vergnügen beglückte und jede Gelegenheit, die sich bot, nutzte, reist Don Juan mit einer Art Abreißkalender durch die Lande und macht sich jedesmal eine neue Kerbe in seinen ... (?), na, im Wilden Westen jedenfalls war es der Griff des Colts; eine Kerbe, nach jedem Abschuß.

Wo der eine keine Gelegenheit ausläßt, die man (»frau«) ihm bietet, sucht der andere unablässig danach und schafft sie sich erst, koste es was es wolle.

Casanova kam den Damen entgegen, Don Juan »verfolgt« sie, das genau ist der Unterschied.

Der eine (Casanova) verspricht nichts und hält alles, der

andere (Don Juan) macht jede gewünschte Versprechung und hält keine davon. Vor allem aber behauptet er etwas, nämlich Liebe und Glück zu schenken. (Zu Behauptungen siehe oben.) Wo es sich bei Casanova um ein beidseitiges Vergnügen handelte, ist es bei Don Juan eine Verführung, notfalls mit Mord und Totschlag verbunden – wenn er nur zu seinem Ziele kommt.

Nein, Don Juan (und alle seine Nachfolger), das ist der Typ von Mann, auf den eine Frau zwar (manchmal) hereinfällt – aber auch nur dann, wenn sie unerfahren ist, an den sie, nachher, aber mit Sicherheit keine gute Erinnerung hat. Bei dieser Art von Mann bleibt ihr selten mehr als ein bitterer Nachgeschmack, und das nicht nur, weil sie getäuscht worden ist. Don Juan liebt nämlich weder die Frauen noch die Liebe – er liebt nur sich selbst und seinen »Erfolg«.

Hinweis an die Frauen:
Wenn Sie, meine Damen, schon einmal Lust auf so eine Art von Mann haben, warum nicht, aber fallen Sie bitte nicht auf ihn herein. Nutzen Sie seine (unbestrittenen) männlichen Qualitäten, aber versprechen Sie sich nicht mehr davon als eine leidenschaftliche Nacht – und dann lassen Sie ihn weiterziehen.

Sie hatten Ihr Vergnügen, und er hat, wieder einmal, einen Erfolg zu notieren. – Unter diesen Umständen sind beide zufrieden, und so soll es ja sein. Aber sagen Sie ihm um Gottes willen nicht, daß Sie ihn nur benutzt haben. Sein Welt- (und Frauen-)Bild würde einstürzen – und Sie wollen doch nicht undankbar sein, wo er sich doch soviel Mühe gegeben hat.

Vergewaltigung

Es gibt leider viel Häßliches zwischen Mann und Frau: Eifersucht, Haß, Betrug, Selbstzerstörung aus »Liebe« und Zerstörung des anderen (ebenfalls aus »Liebe«), physische und psychische Ausbeutung, Abhängigkeiten jeder Art, Bedrohungen, die an die körperliche, geistige und wirtschaftliche Existenz gehen – aber das Widerlichste und Abstoßendste ist wohl die Vergewaltigung.

Ich denke, wenn ein Mann eine Frau mit Gewalt dazu zwingt, sich von ihm »benutzen« zu lassen, dann ist er nicht nur ein Schwein (die Schweine mögen mir verzeihen), sondern vor allem ein dummes und auch ein armes Schwein.

Ein Mann, der keine andere Möglichkeit findet, seine Sexualität auszuleben als durch die Anwendung von Gewalt, ist nicht nur ein Krimineller, sondern auch jemand, dessen körperliche, geistige und charakterliche »Ausstattung« offensichtlich nicht dazu ausreichen, auf einem der normalen Wege die Zuneigung einer Frau und damit ihre Bereitschaft zum körperlichen Beisammensein zu gewinnen.

Natürlich gibt es noch einen anderen Grund für diese Art von Gewalttätigkeit, der liegt aber in der Urnatur des Homo sapiens. Es hat immer zu allen Zeiten Menschen gegeben – und es wird sie immer geben –, die sich einfach nehmen, was sie haben wollen, durch Diebstahl, Raub, Mord oder eben Vergewaltigung, ohne Rücksicht darauf, wem es gehört oder wem dabei, wie sehr auch immer, geschadet wird.

Der Mensch ist eben ein Raubier (homo homini lupus), das

nur durch Gesetze und Androhung von Gegengewalt (meist) davon abgehalten werden kann, seine »Bedürfnisse« rücksichtslos zu befriedigen.

In uns allen sind noch, durch unsere Gene, die Verhaltensregeln der Urmenschen gespeichert, und die heißen nun einmal Gewalt, Aggression, Beute, Leben und Überlebenwollen. Die paar Jahrtausende »Kultur« haben daran wenig geändert. Wer würde nicht gerne dem Chef, der ihn kujoniert, dem Nebenbuhler, der ihm die Frau wegnimmt (gesetzt den Fall, er ist der – körperlich – Stärkere), den Schädel einschlagen, wenn es nur nicht »verboten« wäre. Alleine die Angst vor Strafe zwingt die »Männchen«, aber eben nicht alle, zu einem einigermaßen sozialen Verhalten.

Es ist nun nicht so, daß ich glaube, daß Frauen um so vieles bessere Menschen sind; daß Frauen weit weniger Verbrechen begehen als Männer liegt wohl hauptsächlich an der Aufgabenverteilung, die im Patriarchat üblich ist und immer üblich war, nämlich dergestalt, daß die Männer immer für (fast) alles Materielle zu sorgen haben, daß sie die Gebenden sind und die Frauen die Nehmenden, zum anderen aber auch daran, daß Frauen, als die normalerweise körperlich Schwächeren, sich eher von Gewalttätigkeiten fernhalten.

Frauen haben im Laufe der Evolution eben andere Mechanismen entwickelt, sich das, was sie haben wollen, zu beschaffen. – Und ihre Methoden sind auch nicht immer gerade fein.

Wenn Männer nicht von Frauen vergewaltigt werden, so hat das im wesentlichen ganz einfache, leicht verständliche, physische Gründe: Unter Todesangst ist eine Erektion ziemlich schwer herstellbar (außer vielleicht bei ganz wenigen Masochisten), und die ist nun einmal unbedingt erforderlich.

Ich glaube wirklich nicht, daß Frauen in jedem Falle davor zurückschrecken würden, sich das Objekt ihrer Begierde mit

Gewalt sexuell »nutzbar« zu machen, ja, wenn es nicht, aus natürlichen Gründen, so gut wie unmöglich wäre.

Aus den Vereinigten Staaten ist wieder einmal die Kunde von einem (gar nicht so neuen) Phänomen zu uns gedrungen. Die Amerikaner nennen es »boy-crazy«. (Im Bayrischen heißt das übrigens »buama-narrisch« – und ist längst bekannt). Die Eltern von männlichen Halbwüchsigen beklagen sich dort heftig darüber, daß ihre Söhne von den jungen Mädchen mit unzüchtigen Anrufen und massiven sexuellen Angeboten belästigt und bedrängt werden, auf den Straßen und in den Parks, in der Schule und beim Sport; oft sogar telefonisch mitten in der Nacht; wo die armen Jungen doch viel lieber Comics lesen und Baseball spielen würden.

Aber die Mädchen lassen es eben bei verbalen Attacken – und wenn sich erwachsene Frauen so verhalten, dann fühlt sich der betroffene Mann, in der Regel, eher geschmeichelt, schlimmstenfalls belästigt.

Hinweis an die Männer:
Die schamlose »Anmache» ist, zumindest bei uns in Europa, bis jetzt noch eine ziemlich männliche Domäne. Von manchen (fast allen?) Frauen werden diese Verbal-»Angriffe« allerdings bereits wie eine Vorstufe der Vergewaltigung empfunden.

Also, Vorsicht, meine Herren! Wenn Sie schon unbedingt Kontakt zu einem weiblichen Wesen aufnehmen müssen, dann nur unter tausend Entschuldigungen und unter mehrmaliger Nachfrage, ob es ihr auch angenehm ist. Und auch der nächste Schritt ist nicht ungefährlich. So mancher Mann, der glaubte, er hätte eine Eroberung gemacht, hatte plötzlich am nächsten Morgen eine Vergewaltigungsanzeige am Hals – und damit ist nun wirklich nicht zu spaßen, ob sie nun unschuldig sind oder nicht.

Besonders apart ist auch das Kapitel: Vergewaltigung in der Ehe. Wir Männer haben uns noch kaum an die »Gerechtigkeit« der heutigen Scheidungsparagraphen gewöhnt (die unter anderem sagen, daß ein Mann auch dann für seine »Ehemalige« zu zahlen hat, wenn sie ihn betrogen und verlassen hat, und wenn sie mit einem anderen Mann zusammenlebt oder liegt), da hängt schon ein weiteres Damoklesschwert über uns. Tun Sie ja immer brav, was die Angetraute von Ihnen will, meine Herren, sonst betrügt sie Sie, verläßt Sie, verweigert sie sich Ihnen – oder zeigt Sie möglicherweise an – von wegen Vergewaltigung (in der Ehe).

Hinweis an die Frauen:
Ich hoffe, ich bin nicht mißverstanden worden, aber sicherheitshalber will ich es noch einmal ausdrücklich betonen: Vergewaltigungen sind scheußlich, unverzeihlich und absolut kriminell, – aber ebenso verwerflich finde ich es, wenn Frauen, aus was für Gründen auch immer, mit falschen Anschuldigungen einen Mann »bestrafen« wollen und ihm damit auf kaum wieder gutzumachende Art und Weise schaden.

Ich will und kann nicht beurteilen, ob zum Beispiel die Herren Smith-Kennedy und Tyson schuldig waren oder nicht, aber wenn nicht, dann sind 6 bis 60 Jahre Gefängnis wohl ein bißchen viel, oder?

Also bitte, meine Damen, etwas Fairneß. Sorgen Sie dafür, wo immer es möglich ist, daß Vergewaltiger aus dem Verkehr gezogen werden und hinter Gitter kommen, aber verschonen Sie die, die nichts weiter sind als – Männer. Die sind ohnehin durch ihren Liebesdrang, der sie Ihnen, meine Damen, ausliefert, gestraft genug.

The woman is smarter (oder die Legende von der Überlegenheit der Männer)

Man(n) neigt dazu anzunehmen, ein bißchen mehr Muskelkraft und ein paar Gramm mehr Gehirnmasse wären ein Beweis für Überlegenheit. – Mitnichten, meine Herren, mitnichten. Sie mögen in der Lage sein, ein paar Kilo mehr zu heben oder »logischer« zu denken (wobei unsere Art von Logik eben üblicherweise eine männliche ist), das heißt aber nicht, daß Frauen nicht cleverer sind und in vielem geschickter oder daß ihre Art zu denken weniger vernünftig ist, sie ist nur eben anders.

Frauen sind den Männern in vielen Dingen überlegen: Sie ertragen zum Beispiel Schmerzen viel leichter – und vor allem klagloser (vielleicht bekommen deshalb auch sie die Kinder), sie sind mutiger, dort, wo es wirklich darauf ankommt, sie haben eine höhere Lebenserwartung, sie sind viel sozialere Wesen, außerdem sind sie auf eine Art und Weise »gerissen«, von der ein Mann nur träumen kann.

Wenn ein Mann seine Frau (oder Lebensgefährtin) betrügt, so wird es diese sehr schnell herausbekommen – umgekehrt kann eine Frau einen Mann jahrelang betrügen, ohne daß der die geringste Ahnung davon hat. Wenn es schon alle Freunde und Bekannten, ja selbst die Nachbarn wissen, dann wird er immer noch ahnungslos sein.

Eine Frau kann einen Mann »berechnen«, sein Verhalten,

seinen Wert (sei es der menschliche, der männliche oder Geldeswert). Ein Mann kann nur sehen und tasten. Die schöne Larve, die tolle Figur, das ist es, was er wahrnimmt – und sonst nichts.

Eine Frau kann einen Mann, selbst wenn sie ihn will (und das dringend) zappeln lassen, wenn es ihr nützlich erscheint. Ein Mann will nur einfach haben und das möglichst sofort, koste es, was es wolle. – Und das ist meistens zuviel.

Ist Ihnen schon einmal eine Frau begegnet, die bereit war, einen mittellosen Mann mit drei Kindern zu heiraten und alle vier in Zukunft finanziell (und auch sonst) zu versorgen, nur weil sie gerne mit ihm ins Bett geht? Mir nicht – aber Männer kenne ich einige, die das getan haben.

Wenn eine Frau möchte, daß ihre Wohnung neu tapeziert wird oder wenn ein Schrank zusammenzubauen ist, dann wird sie mit mehr oder weniger hilflosem Augenaufschlag sagen: Liebling, ich kann das nicht. Und der große starke Mann wird das für sie erledigen, selbst wenn sie es genausogut könnte (oder sogar besser). Stellen Sie sich den Mann vor, der einen Weinkrampf bekommt, weil »sie« ihm nicht den neuen, äußerst teuren Anzug kaufen will. Eine komische Vorstellung? – Umgekehrt passiert das täglich. Aber der Knackpunkt ist ein ganz anderer: die Ausbeutung des Sexus. Eine Frau, die von einem Mann etwas will, das er nicht ohne weiteres bereit ist zu tun oder zu geben, setzt die Sexualität ein – und zwar seine, nicht ihre. Sie verweigert sich ihm – Ehestreik.

Die Erfinderin dieses meist sehr wirksamen Mittels war eine gewisse Lysistrata, eine Dame aus dem antiken Athen, der es auf die Nerven ging, daß der Herr Gemahl seine Zeit auf irgendwelchen Schlachtfeldern verbrachte und dort das Geld verpulverte (wie wir alle wissen ist Rüstung teuer), statt sich um den Hausstand zu kümmern.

Als sie lange genug kein neues Kleid bekommen hatte und auch noch die Vergnügungsreisen auf das Landgut oder die Sommerfrische auf Delos ausfielen, beschloß sie Gegenmaßnahmen. Das mit den fehlenden neuen Kleidern wäre nicht so schlimm gewesen, denn den Nachbarinnen ging es genauso, deren Männer waren ja auch im Krieg und da »frau« sich hauptsächlich für die eigenen Geschlechtsgenossinnen anzieht (für Männer oder den Mann zieht sie sich eher aus), hätte das noch hingehen können, aber die übrigen Einschränkungen gefielen ihr doch gar nicht.

Wenn der Herr Gemahl also am Wochenende nach Hause kam (die Schlachtfelder lagen damals praktischerweise mehr oder weniger vor der Haustüre), machte sie ihm heftige Vorwürfe, aber daß das nichts half, stellte sich schnell heraus. Er genoß einige Tage die ehelichen Freuden und begab sich dann wieder zu seinen Kumpanen ins Feldlager, sollte sie in seiner Abwesenheit ruhig schmollen, er war ja ohnehin nicht da.

Eines Tages aber, als er, wieder einmal, ausgehungert, in seinen vier Wänden erschien, stellte sie ihn vor die Alternative, Sex oder Krieg. (Irgendwie erinnert das an die sechziger Jahre: Make love not war.) Da Lysistrata eine besonders kluge Frau war, hatte sie allerdings im Vorfeld noch etwas anderes getan, nämlich das Wichtigste: Sie hatte die anderen Athenerinnen dazu gebracht, sich genauso zu verhalten, wissend, daß ein Mann, der das, was er will (oder braucht), von seiner Frau nicht bekommt, es sich eben bei einer anderen holt.

Da sich also die Weiblichkeit der ganzen Stadt im Sexstreik befand, sogar die Hetären waren mit von der Partie (natürlich, denn wenn sich alle Männer dauernd auswärts befinden, ist das schlecht für das Geschäft), dachten die Männer eine Weile nach und fanden dann, daß Kriegspielen zwar seinen

Reiz hätte, (na ja) daß es aber letztlich doch keinen Vergleich aushält mit den Freuden der Liebe. – Voilà.

Sie fragen sich, warum ich Ihnen hier etwas erzähle, das über 2000 Jahre her ist? Ganz einfach; der Trick funktioniert heute so gut wie damals, allerdings nur noch für Einzelkämpferinnen. Ein solches Maß an Solidarität haben die Frauen nie wieder erreicht – und auch die Motive sind heute selten so edle, wie die zur Beendigung eines Krieges.

Hinweis an die Männer:
Versuchen Sie nicht, den Spieß umzudrehen und dasselbe umgekehrt zu versuchen. – Es funktioniert nicht. Daß es nicht klappt, liegt aber nicht daran, daß Frauen weniger an den Freuden der Liebe interessiert sind als wir, im Gegenteil! Sie sind nur cleverer und haben deshalb den längeren Atem.

Weiterer Hinweis an die Männer:
Sie wissen aus dem (männlichen) Alltagsleben, daß nichts so verhängnisvoll ist, wie das Unterschätzen eines Gegners – warum unterschätzen Sie dann die Frauen auf eine so gefährliche Weise? Nur weil man Ihnen irgendwann etwas von der männlichen Überlegenheit erzählt hat? – Ich rate Ihnen: Denken Sie um, und zwar schleunigst. – The woman is smarter.

Meine Kinder – deine Kinder

Vater und Mutter, das sind die beiden ersten Menschen, von denen man Liebe empfängt – aber nur, wenn man Glück hat und wenn gerade kein Krieg ist und wenn (zeitnäher) keine Scheidung stattgefunden hat; sonst ist es nur der eine Teil und das ist fast immer die Mutter.

Vaterliebe und Mutterliebe sind so unterschiedlich wie es Mann und Frau nun einmal sind, wie Sonne und Mond oder passender wie »Vater Staat« und »Mutter Erde«. Die unterschiedliche Einstellung, die Männer und Frauen zu ihrem Nachwuchs haben, entspricht der (meist) gegensätzlichen Einstellung zum Leben und zu der Liebe.

Ein Vater sieht in seinem Sohn (Tochter geht auch, aber schon nicht mehr so gut) die Fortsetzung seines eigenen Lebens, seines Erfolges, wenn er welchen hat, oder aber die Möglichkeit, eigene Mißerfolge, sozusagen in der nächsten Generation, in Erfolge umzuwandeln. – »Meine Kinder sollen es einmal besser haben.«

Väter neigten immer dazu zu »erziehen«, Erfahrungen, wie sie meinen, weiterzugeben, dabei sind es in Wirklichkeit nur eingefahrene Verhaltensregeln, die unbewältigt und meist auch noch unreflektiert weitergereicht werden.

Mütter lieben ihre Kinder ohne Wenn und Aber, sie haben keine »Erwartungen«, und gerade die sogenannten Sorgenkinder werden von ihnen am meisten geliebt. – Das ist Liebe pur.

Väter erwarten immer etwas: Erfolge. Sie wollen stolz sein auf das, was da aus der Kraft ihrer Lenden (na ja) hervorgegangen ist. Sogenannte Versager (Kinder, die die Vorstellungen der Väter nicht erfüllen) werden sehr schnell mit Liebesentzug bestraft.

Daher der Vergleich mit Vater Staat und Mutter Erde. Die Erde erwartet nichts von dem, was sie da wachsen läßt, der Staat fordert, immer.

Ich behaupte, die einzige Frau, von der ein Mann jemals wirklich und ohne Einschränkungen geliebt wird, ist seine Mutter. Und zwar nach dem Apostelwort: Die Liebe rechnet nicht, sie fordert nicht, sie versteht alles, sie verzeiht alles – die Liebe höret nimmer auf. – Versuchen Sie einmal, meine Herren, von einer »fremden« Frau (auf Dauer) auf diese Art geliebt zu werden. Unwahrscheinlich? Richtig!

Und da haben die Männer (wieder einmal) den besseren Teil erwischt. Töchter werden von ihren Müttern selten auf die gleiche unkritische und schrankenlose Weise geliebt wie Söhne. Väter könnten zwar ihre Töchter manchmal ebenso lieben, aber meist nur, wenn keine Söhne da sind, aber das hat auch immer, eingestanden oder nicht, einen erotischen Aspekt, der zwar (leider nicht in allen Fällen) durch das Inzesttabu sublimiert wird, aber trotzdem meist vorhanden ist.

Mütter sind zwar, wenn es einmal soweit ist und aus dem Kind ein fast fertiger Mensch geworden ist, durchaus auf ihre Schwiegertöchter eifersüchtig, aber aus anderen Gründen als die Männer es auf die Schwiegersöhne sind. Erstens wird es der »Bub« nie wieder so gut haben wie bei ihr (was meist sogar stimmt), und zweitens wird ihr etwas weggenommen – das woran ihr Herz am meisten hängt –, denn der »Alte« spielt meist keine große (Gefühls-)Rolle mehr in ihrem Leben.

Die Eifersucht der Väter ist anders. Da kommt nämlich eines Tages einer, der haben darf, was ihnen selbst verboten ist (und dem sie sich noch dazu überlegen glauben), und da bricht dann der alte Urinstinkt der Hordenanführer durch, denen das alleinige »Benutzungsrecht« auf die Weibchen zustand, und die die Nachwachsenden immer als Bedrohung der eigenen Macht verstanden haben. Auch das männliche Kosten-Nutzen-Denken spielt dabei eine Rolle. Wozu hat er dieses Kind (und das wird es immer bleiben für ihn) unter finanziellem und emotionalem Aufwand großgezogen, wenn jetzt so ein »Schnösel« daherkommt und ihm sein »Eigentum« einfach wegnimmt?

Vaterschaft ist zuerst einmal Besitzrecht, was sich schon bei den »alten Römern« in der Rechtssituation manifestierte. Der Paterfamilias konnte über seine Kinder auf dieselbe Weise verfügen, wie er über seine Sklaven verfügen konnte. Rechtlich hat sich da einiges geändert, in der Praxis sind Kinder weiterhin (fast) uneingeschränkt der »elterlichen Gewalt« (das ist der juristische Terminus) ausgeliefert; wobei hierbei meist ausschließlich die väterliche Gewalt gemeint ist. Mütter üben ganz selten wirklich Gewalt aus – sie lieben (siehe oben).

Kinder, die wirklich Glück haben, wachsen in einer Familie auf, wo sich die väterliche und die mütterliche Liebe die Waage halten, nicht zuviel »Gewalt« (denn jemanden nach dem eigenen Bilde formen zu wollen, bedeutet zweifellos Gewalt) und nicht zuviel »Affenliebe«. – Aber ach, wie selten ist dies (in unserer Zeit) geworden.

Daß eheliche Machtkämpfe meist auf dem Rücken der Kinder ausgetragen werden, ist eine weitere Schattenseite der »Liebe«. Obwohl die Kinder (scheinbar) erst einmal davon profitieren, denn beide Kontrahenten versuchen ja, auf jede mögliche Weise, den Nachwuchs auf die eigene Seite zu ziehen, durch Liebesbeweise, häufiger durch »Bestechung«. Auf Sicht aber führen diese Grabenkämpfe immer zu einer Schädigung der kindlichen Psyche – und wie sagt die Schulpsychologie: »Nur wer als Kind geliebt worden ist (geliebt und nicht bestochen), ist später in der Lage, selbst zu lieben.« Nur was man gelernt hat, kann man anwenden; nur was man bekommen hat, kann man weitergehen.

Hinweis an die Männer und an die Frauen:
Wenn ihr schon Kinder in die Welt setzen müßt (Überbevölkerung!), dann denkt bitte daran, daß da etwas heranwächst, das ein Recht hat auf eigene Entwicklung, daß es sich (bald) um eigenständige Menschen handeln wird (oder zumindest handeln sollte) und daß das, was ihr ihnen an Liebe gebt, vielleicht alles ist, was sie an Liebe zu erwarten haben in dieser Welt.

Wenn sie erst einmal selbst Teil des Geschlechterkampfes sind – den auch sie, ungewarnt wie sie sind – für »Liebe« halten werden, dann, ja dann könnt ihr nichts mehr für sie tun.

Die schönsten Wochen

Jeden Tag der-/dieselbe zu sein ist nicht nur langweilig, es ist auch schrecklich ermüdend, deshalb ist für die meisten Menschen der Urlaub nicht in erster Linie eine Zeit der körperlichen Erholung, sondern vielmehr ein Ausbrechen aus der (mehr oder weniger) frustrierenden Alltagswelt. Die Mehrheit macht »Ferien vom Ich«. Einmal im Jahr ein/eine andere/r zu sein, das macht den Reiz dieser »schönsten Wochen« aus.

Die meisten sind allerdings, wenn sie zurückkommen, frustrierter als bei der Abreise, das liegt daran, daß wir letztlich doch nicht aus unserer Haut können, daß wir unsere Fehler und Schwächen mitschleppen, oder wenn wir geschickter im Verstellen sind, daran, daß wir wieder in die Situation zurück müssen, aus der wir, für kurze Zeit, ausgebrochen sind.

Wir spielen (fast alle) im Urlaub jemanden, der/die wir gerne wären. Männer sind dabei um einiges konsequenter als Frauen, vielleicht weil sie meist unzufriedener mit dem Leben sind, das sie jeden Tag leben (müssen). Es wird sich schwerlich jemand finden, der am Strand unter südlicher Sonne oder in den dunkelblauen Nächten bei Bacardi-Cola und heißer Musik dem Urlaubsflirt neben sich erzählt, daß er nur ein kleiner Angestellter ist, dem der Abteilungsleiter mehrmals täglich in den Hintern tritt, eine Nummer unter lauter anderen Nummern ist, und sie wird nicht erzählen, daß sie nur eine Hilfskraft in einer mickrigen Klitsche ist.

Nein, er wird sich zum Yuppie hochstilisieren, zu jemandem, der enorm erfolgreich ist, oder der es zumindestens bald sein wird. Sie wird (beinahe) zum Model oder zur reichen Tochter oder Ehefrau (letztere muß dann allerdings unverstanden, also unbefriedigt sein – und das ist nur selten gelogen).

All die Träume, die er und sie eigentlich längst begraben haben, werden, wenn sie von sich selbst erzählen (wieder) wahr. Kaum jemand erliegt nicht der Versuchung, in einer Umgebung, in der ihn/sie niemand kennt, mehr aus sich zu machen. Alle leisten sich in dieser Ausnahmezeit mehr als sonst das Jahr über an Geldausgaben, an Gefühlen und an körperlicher Aktion.

Für die Mehrheit der Urlauber gehört der Urlaubsflirt (wenn es geht, soll es schon auch ein bißchen mehr sein als nur ein Flirt) zu den Ferien wie die Sonne und das Strandhotel, aber es ist nicht nur der Reiz, anders sein zu dürfen, als zu Hause, »mann« und »frau« ist ja auch tatsächlich viel »begehrenswerter« als unter den normalen Umständen; ausgeschlafen, voller Lust auf Erlebnisse (jeder Art), offen für Kommunikation, mit einem Wort: lebendiger.

Es ist ja auch nicht nur der Frust über das Alltagsleben, es ist genauso der Frust über die Alltagsbeziehung, die so empfänglich macht für die »Urlaubsliebe«. Unbeschwert und ohne Risiko etwas Neues, etwas ganz anderes zu erleben, reizt eben – denn selbstverständlich wissen all die Kurzzeitverliebten, daß der Liebestraum zusammen mit dem Urlaub endet. Normalerweise hört man nie wieder voneinander.

Eigentlich gibt es keinen besseren Nährboden für das »Abenteuer Liebe« (mit Ausnahme von Karneval/Fasching) als diese Talmi-Welt. Die Umgebung ist künstlich (haben Sie schon einmal eines dieser Ferienparadiese außerhalb der Saison gesehen?); der Lebensstandard, alles ist ganz anders als sonst, die Lust und die Bereitschaft zu Risiko und zum Abenteuer ist plötzlich wieder da, Alkohol, exotische Speisen und ganz allgemein einfach Lebensgier törnen enorm an. Übrigens tut auch das Klima ein übriges. Die Sonnenwärme auf der Haut regt eine Menge in unserem Körper an und steigert das Sexualbedürfnis erheblich (doch, doch, das ist wissenschaftlich erwiesen). So manche Frau, die in der Kühle des Nordens recht lustlos ist, wird plötzlich (beinahe) zur Nymphomanin und er, der sonst nur träge im Fernsehsessel herumhängt, wird plötzlich ein äußerst aktiver Liebhaber.

So weit so gut, »but you can't take it home with you«, und Schwung und Selbstbetrug fallen schneller in sich zusammen, als die Urlaubsbräune vergeht – und die hält, wie wir alle wissen, nicht besonders lange. (Sinngemäß gilt dasselbe natürlich auch für den Wintersport, mit ein paar unbedeutenden Varianten.)

Paare, die im Urlaub (und zwar nur aus Gewohnheit) auch noch aneinander kleben, nehmen die häusliche Langeweile allerdings mit sich – und das ist doppelt schade, denn nichts frischt eine laugewordene Beziehung so sehr auf, wie der Abstand voneinander und das neuerworbene Selbstwertgefühl. Übrigens: Komischerweise gilt dies genauso für erlittene »Niederlagen«.

In dem einen Falle fühlt man sich selbst wieder etwas begehrenswerter und wird es dadurch auch, im anderen Falle weiß man wieder zu schätzen, was man zu Hause hat. Man darf um Gottes willen nur nie dem Partner erzählen, was man erlebt hat; Ehrlichkeit hin, Ehrlichkeit her; hüten Sie sich ja davor, ihn/sie ohne Notwendigkeit zu verletzen. Es genügt ja wohl, wenn die Beziehung wieder etwas mehr Schwung bekommt.

Eigentlich ist die Liebe im Urlaub genau das, was sie ihrem Wesen nach immer ist – auch genau das, was sie am Anfang jeder »normalen« Beziehung ist. Wenn sich der eine in die andere verliebt (oder umgekehrt), dann lebt er/sie immer »über die eigenen Verhältnisse«! Mann und Frau versuchen attraktiver zu erscheinen, eleganter, witziger, erfolgreicher, kurz begehrenswerter. – Und niemand ist je wieder so zuvorkommend, so bemüht um den anderen, wie in den ersten Wochen, wie am Beginn einer Liebe. Die Leidenschaft mag im Laufe der Zeit tiefer werden, das Vertrauen ineinander kann wachsen, das Glück sich vertiefen, aber der Zauber, der darin liegt, daß zwei Menschen, jeder auf seine Art, umeinander werben (wenn es nur einer tut, ist es öde oder einfach nur traurig), der vergeht, notwendigerweise.

Viele fahren also mit größten (zwar manchmal unbewußten) Hoffnungen und Erwartungen in »die schönsten Wochen« des Jahres, und die meisten kommen enttäuscht, frustriert, einige sogar tieftraurig zurück, besonders die Singles. Die, die einen Partner »verlassen«, reisen ohnehin mit einer Mischung aus Spannung und schlechtem Gewissen ab.

Die Enttäuschung, die so viele erleben, ist aber vorprogrammiert. Die Erwartungshorizonte sind so hoch, daß die Wirklichkeit dagegen meist zwangsläufig zurückbleiben muß. Gar nicht wenige versuchen in diesen zwei, drei Wochen das zu erleben, was ihnen das ganze Jahr über entgangen ist. 49 Wochen arbeiten – drei Wochen leben; das kann nicht funktionieren.

Es besteht übrigens ein deutlicher Unterschied zwischen Ferien machen und reisen. Die Mitmenschen, die es sich leisten können zu reisen, bleiben auch unterwegs dieselben, sie haben es ja auch nicht nötig, sich zu verstellen. Sie steigen unterwegs genauso aus dem Mercedes, bezahlen mit derselben goldenen Kreditkarte und führen ihre »Bedeutung« mit sich. Das hat zwar gewiß Vorteile, aber andererseits: Sie können sich nicht einmal für ein paar Wochen selbst entfliehen.

Heiratsschwindler/innen

Daß viele Frauen, genaugenommen die meisten, wegen Geld oder Geldeswert heiraten, kann als bekannt und unumstritten vorausgesetzt werden. Die, deren Anziehungskraft nicht dazu ausreicht, sich einen wirklich reichen Mann zu angeln, gehen wenigstens eine Versorgungsehe ein.

Ein Mann tut sich da schon schwerer, nicht weil der männliche Charakter um so vieles besser ist, sondern weil es, aus Gründen unserer Gesellschaftsstruktur, wesentlich weniger reiche Frauen als Männer gibt, und wenn schon einmal eine reich ist, dann fast ausschließlich durch einen Mann, sei es als Tochter, als Witwe oder als erfolgreich Geschiedene.

An das Geld von Töchtern zu kommen, ist außergewöhnlich schwierig, weil da meist der Herr Papa darauf achtet, daß sich nicht irgend so ein Habenichts ins gemachte Bett legt. Bei Witwen oder Geschiedenen ist es um nichts leichter, weil diese sozusagen dieselbe Profession haben, und einen Dieb zu bestehlen, ist immer mühsam, der/die kennt das Geschäft ja aus eigener Erfahrung.

Was für eine Frau selbstverständlich ist und von der Gesellschaft einigermaßen problemlos hingenommen wird, ist im ungekehrten Fall schwierig. Ein Mann, der eine reiche Frau heiratet, steht immer als Mitgiftjäger da oder noch schlimmer als Gigolo (wenn auch mit Ehering). Trotzdem, wer eine legale Verbindung eingeht, um seinen Lebensstandard und seine soziale Stellung zu verbessern, geht legal an die Brieftasche des Ehegespons (wenn er/sie es zuläßt).

Die illegale Form des Abkassierens kostet zwar genausoviel Mühe, ist aber von vorneherein auf eine kurze Zeitdauer angelegt. Nach dem Motto: Nimm möglichst viel in möglichst kurzer Zeit. Abgesehen davon, daß es strafbar ist, ist das sicher der ökonomischere Weg. Heiratsschwindler/innen versprechen in der Regel nur, sie zeigen sozusagen die Speisekarte, lassen den »Partner« aber hungrig wieder aufstehen. Diese Taschenspieler/innen der Liebe verkaufen Träume, wecken Sehnsüchte, arbeiten, das muß man trotz allem zugeben, hart – und lassen sich diese Arbeit gut bezahlen.

Es gibt wesentlich weniger Frauen, die diesem »Beruf« nachgehen, als Männer; das mag einerseits daran liegen, daß weibliche Aktivitäten immer mehr auf Dauer angelegt sind, andererseits aber auch daran, daß es für eine Frau wesentlich leichter ist, über längere Zeit Liebe zu heucheln, als für einen Mann, schon aus körperlichen Gründen.

Die Opfer, gleich welchen Geschlechtes, sind allerdings, bedauerlicherweise selten wohlhabend oder gar wirklich reich, sie sind nie begehrenswert und immer schon länger allein. Versöhnlich mag empörte Zeitgenossen und besonders die -innen stimmen, daß die wenigsten Opfer ihr Geld aus Mildtätigkeit oder aus reiner Liebe abliefern. Immer sind es vor allem Versprechungen auf Gewinn, die die Börsen und Sparbücher öffnen, ganz selten sexuelle Gier alleine. Der Heiratsschwindler wäre, wenn seine Angaben stimmen würden, ja immer eine gute Partie. Er ist Doktor, Ingenieur, Geschäftsmann, verfügt an sich über genügend Geld (sagt er), und es ist ja nur (angeblich) eine augenblickliche Notlage, die überbrückt werden muß, bevor die strahlende, gemeinsame Zukunft beginnen kann. Es ist also immer auch die erwartete Verbesserung in wirtschaftlicher Hinsicht, die die »Auserwählte« schwach – und zahlungswillig macht.

Ich denke, das Handeln dieser Falschspieler der Liebe ist nicht wesentlich verwerflicher als das der Frauen, die jahrelang so etwas wie Gefühle heucheln, nach Vertragsabschluß (Ehe) oft nicht einmal mehr das – und sich für das gelegentliche zur Verfügungstellen ihres Körpers, denn mehr ist es ja nicht, aushalten lassen.

Der Heiratsschwindler gibt sich jedenfalls wesentlich mehr Mühe, wendet mehr Phantasie auf, nicht nur, um an das gewünschte Geld zu kommen, sondern auch, um sein Opfer in die für seine Zwecke notwendige Euphorie zu versetzen. Wir nehmen, glaube ich, alle gemeinsam an, daß es kein Zuckerlekken ist, einer verstaubten Witwe oder einem angejahrten Blaustrumpf einigermaßen glaubhaft Liebe zu schwören.

Es ist bei entsprechenden Strafprozessen immer wieder vergnüglich zu sehen, wie die betrogenen Damen nach wie vor ihren ehemaligen »Bräutigam« anhimmeln, und wie gern sie bereit wären, ihm zu verzeihen, wenn er nur seinerseits bereit wäre, seine Versprechungen zu erfüllen.

Bei einigem Nachdenken müßte diesen gierigen Opfern aber auffallen, daß er, der Heiratsschwindler, dazu gar nicht in der Lage ist, und zwar sowohl aus wirtschaftlichen als auch aus »sexuellen« Gründen. – Und überdies, wo bliebe da der Reiz an der Sache, wenn »mann« plötzlich all die unerfüllbaren Versprechungen halten sollte.

Wenn Sie nun glauben, ein Heiratsschwindler müsse ein Adonis sein, jung, strahlend schön, ein gigantischer Liebhaber, dann haben Sie sich aber kräftig geirrt. Viele dieser Herren haben die besten Jahre hinter sich, sind eher unansehnlich und wenig erotisch. Eines aber haben sie alle: Charme und Phantasie, besonders aber ein Einfühlungsvermögen in die weibliche Seele, das dem »Normal-Mann« fehlt.

Wenn man etwas verkaufen will, dann muß man den Bedarf

kennen, man kann ihn notfalls auch erst wecken. Wenn man also Träume verkaufen will (und nichts anderes tun diese Herren), dann muß man wissen, wovon eine Frau träumt, besonders die eine, um die es gerade geht – und wenn sie nicht träumt, dann muß man sie zum Träumen bringen. Umgekehrt gilt dies natürlich auch für die Männer, die von »so einer« ins Visier genommen werden.

Hinweis an die Männer:
Die Methoden der Heiratsschwindler sollte eigentlich jeder Mann genau studieren, auch oder gerade wenn er »ehrliche Absichten« hat, denn es sind genau die Wege, die man beschreiten muß, um eine Frau zu »erobern«. Würden sich die gewöhnlichen Männer soviel Gedanken machen über die Frau, mit der sie es gerade zu tun haben, würden sie genausoviel Phantasie und Zeit aufwenden, ihre Erfolgsquoten wären wesentlich höher. Aber es ist eben immer ein Unterschied zwischen einem Profi und einem Amateur!

»Aba Dearndl, wos fangst den jetzt o?«

Es gibt immer noch, selbst heute nach Emanzipation, neuem Mann, Beziehungskisten und all den anderen Zivilisationskrankheiten einen Bereich, wo die Welt, das heißt, die Beziehung zwischen den Geschlechtern funktioniert wie sie vor tausend Jahren funktioniert hat. Das ist der archaische Bereich des ländlichen, durch die Familien selbst genutzten Grundbesitzes.

Es ist dies der einzige Bereich, wo keiner der weiblichen Tricks funktioniert, wo die männliche Dummheit vor sich selbst geschützt ist, in der die Ausbeutung eine ganz normale ist, nämlich die Ausbeutung des Menschen durch den Menschen und nicht die des einen Geschlechtes durch das andere, denn was in allen Gesellschaftsbereichen, zu allen Zeiten funktionierte und auch heute noch immer funktioniert, ist hier nicht gültig.

Überall sonst, nur nicht in diesem ländlich-bäuerlichen Bereich, kann es einer klugen Frau (oder skrupellosen oder berechnenden – ganz wie Sie wollen), gelingen, sich »nach oben« zu schlafen und damit relativ leicht ihre Lebensumstände erheblich zu verbessern.

Aber zurück zum idyllischen, friedlichen Landleben: In dieser festgefügten Gesellschaft kommt Land zu Land, Bauernsohn zu Bauerntochter, Geld zu Geld, aber auch Leistung zu Leistung.

Die Magd kommt vielleicht in irgendein Bauernbett (übrigens nie der Knecht ins Bett der Bäuerin), aber nur für eine Nacht, und es bringt ihr nichts ein, kein Geld, keine Macht, keine Verbesserung der Position – nur Schande.

Merken Sie den Unterschied zur sogenannten guten, gebildeten, verfeinerten Gesellschaft der »großen Welt«? In dieser archaischen Gesellschaft sind Mann und Frau übrigens von vorneherein weitgehend gleichberechtigt, wenn auch nicht, was ja auch absolut idiotisch ist (wenn das auch nicht alle Frauenrechtlerinnen begriffen haben), auf denselben Gebieten.

Kein Bauer wird seiner Hauserin (der Hausherrin) in Bereiche wie Versorgung der Familie, Bevorratungen, Wäsche, Hauspersonal (im Gegensatz zum Feldpersonal) hineinreden, genausowenig wie sie sich in die Planung für Aussaat, die Ernte oder den Viehhandel, also seine Bereiche einmischen wird. Allerdings hat die Frau in diesem Teilbereich der Gesellschaft auch die gleichen »Rechte«, was die Arbeit angeht.

Keine Bäuerin bleibt im Bett liegen, wenn der Mann um fünf Uhr morgens (im Sommer) aufsteht, um mit der Arbeit zu beginnen. Im Gegensatz zu der armen, ausgebeuteten und unterdrückten Frau Gemahlin in der Stadt, die, wenn er sich aufmacht, um ins Büro oder an eine andere unerfreuliche Stätte zu eilen, wo er einen Großteil seiner Lebenszeit verbringt, sich noch zwei- bis dreimal umdreht, und deren Hauptproblem im Tagesablauf ist, ob sie zum Friseur geht, ihren Liebhaber trifft oder doch lieber einfach das von ihm verdiente Geld ausgibt. Ich höre den Aufschrei der Emanzen, ja doch, ich höre ihn ja!! Das von mir beschriebene Luxusweibchen sei die ganz seltene Ausnahme, die Wirklichkeit bestünde fast ausschließlich aus der armen, doppelbelasteten, berufstätigen Ehefrau und Mutter mit einem 60-Stunden-Tag (also gut, das ist übertrieben; sagen wir 16-Stunden-Tag?).

Erstens, meine Damen, ist das, wenn und wo überhaupt, erst seit wenigen Jahrzehnten so, und wir sprechen hier ja immerhin von einem Jahrtausend oder mehreren, und zum zweiten sucht sich wohl jede Frau, zumindest heute – und davon wollen Sie ja reden – sehr bewußt den Mann, den Beruf und ihr eigenes Schicksal aus.

Mir sind ganz wenige Fälle bekannt, wo Frauen mit vorgehaltener Pistole zum Standesamt getrieben wurden. Und auch, was die Kinder angeht, ist es ja wohl so, daß das Motto, mein Bauch gehört mir, gültig ist. Es kann zwar einerseits kein Mann jemals sicher sein, daß das Kind, das da erwartet wird, von ihm gezeugt wurde (daß er die Verantwortung für die Aufzucht zu übernehmen hat, steht allerdings außer Frage), andererseits aber, wenn die Frau ihr Kind nicht haben will (und dann ist es ihr Kind – bei Bezahlung von Rechnungen, Alimenten ist es sein Kind), dann erfährt er entweder gar nicht, daß er im Begriffe ist, Vater zu werden, oder er wird vor die vollendete Tatsache der Abtreibung gestellt.

Übrigens: Ein Mann kann nicht einmal mit juristischen Mitteln die Abtreibung des von ihm gezeugten Kindes verhindern.

Im übrigen, meine Herren, versuchen Sie mal zu beweisen, daß dieses (ungeborene) Kind von Ihnen gezeugt wurde und nicht vom Nachbarn, Weihnachtsmann oder Osterhasen. Wenn das Kind allerdings auf der Welt ist, ist genau festzustellen, wer dafür zu bezahlen hat (wenn möglich für die Mutter auch gleich mit). Soviel zu Müttern, Kindern, Rechten und Pflichten (für dieses Kapitel).

Weiter: Die Doppelbelastung als Hausfrau wird doch sehr überschätzt. Jeder Hausmann weiß, daß ein Einpersonenhaushalt (unter Berücksichtigung der technischen Hilfsmittel) mühelos mit einem Zeitaufwand von ein bis eineinhalb Stunden täglich zu bewältigen ist (inklusive Kochen), für zwei Personen sind es, da sich die Arbeit im Haushalt bei weitem nicht multipliziert, zirka zwei Stunden, wovon sich die Damen wieder die Hälfte für »Eigenbedarf« zurechnen lassen dürfen. Bleibt also ein Arbeitsaufwand für den Partner von etwa einer Stunde täglich. So weit so gut. Und wer, meine Damen, wechselt die Reifen des Autos? Wer tapeziert die Wohnung, wer trägt die Koffer, wer ärgert sich mit Banken und Versicherungen herum? Das ist Männersache? Richtig! Dann ist aber das eine oder andere aber auch Frauensache. N'est-ce pas?

Erklärung der Kapitelüberschrift:
Aba Dearndl wos host da denn denkt
wiast ma dei Herzerl host gschenkt?
Host glaabt, i hob di gern
host wolln mei Weiberl wern?
Ja aba naa da werd ewig nix draus
mit unsera Liabschaft is aus!

Aba Dearndl wos fangst denn jetzt o
host an klaan Buam und koan Mo...

Dieses alte bayerische »Volkslied« zeigt auf schlichte und doch so ergreifende Art und Weise, wie wenig es sich auf dem Lande bezahlt macht, dem männlichen Drange nachzugeben, weil die Männer dort noch nicht verblödet sind und für eine Nacht nicht mit ihrem ganzen Leben und vor allem nicht mit größeren Teilen ihres Vermögens bezahlen.

Nach der alten Bauernregel: Wer kauft sich schon eine ganze Kuh, wenn er nur einen Liter Milch haben will?

Die Jungfräulichkeit

Längst vergangen sind die Zeiten, wo im christlichen Abendland die Jungfräulichkeit (erst) in der Hochzeitsnacht ihr Ende fand. – Es soll weniger aufgeklärte Gegenden geben, wo das noch heute so ist.

Damals in grauer Vorzeit war der vorzeitige Verlust dieses »kostbarsten Schatzes« eines Mädchens gleichbedeutend mit Schande; außerdem war ein solchermaßen entehrtes Geschöpf nur noch sehr schwer und teuer (wenn überhaupt) an irgendeinen Mann zu bringen. Fragen Sie einmal einen Türken (denn die Türkei gehört zu diesen weniger »aufgeklärten« Weltgegenden), dessen Tochter unverheiratetermaßen bereits das Vergnügen hatte, welche Mühe es kostet, diese noch »unterzubringen«. – Wenn sie überhaupt noch lebt und nicht der »Familienehre« zum Opfer gefallen ist.

Unsere jungen Damen von heute – und glücklicherweise auch die jungen Männer – können über »so was« nur noch lachen. In unseren Tagen verliert man seine Unschuld zwischen (durchschnittlich) 13 und 17 Jahren, also als halbes Kind.

Der Kult der Jungfräulichkeit hatte und hat (einiges gilt noch heute) eine ganze Reihe von Hintergründen: Das waren einmal die ganz praktischen Gründe wie Angst vor Anstekkung mit einer tödlichen Krankheit. Im Mittelalter war es die Angst vor der Syphilis (die damals so gut wie unheilbar war) und ähnlichen unangenehmen Begleiterscheinungen der körperlichen Liebe.

Nur bei einer Jungfrau konnte man(n) ganz sicher sein, sich nicht anzustecken, denn Tests gab es damals noch nicht. (Aber was war mit ihrem Risiko?)

Es scheint so zu sein (Gott alleine weiß warum, ich korrigiere mich, der Papst weiß es auch), daß nach jeder Epoche uneingeschränkter sexueller Freiheit eine »Lustseuche« auftritt, die den Menschen den Spaß daran wieder verdirbt. Damals war es die Syphilis (aus dem neuentdeckten Amerika eingeschleppt), heute ist es Aids. (Angeblich auch aus Amerika zu uns gekomen, ja ja, der gute alte Columbus.)

Gut, man kann sich seit der Erfindung einigermaßen zuverlässiger Kondome schützen, wenn man nicht besonders anspruchsvoll oder phantasiereich ist (aber was ist zum Beispiel mit Fellatio und Cunnilingus? Alle »Körpersäfte« sind geeignet zur Übertragung) – und besonders »romantisch« sind diese Dinger ja nun auch nicht, zudem schaden sie der Spontaneität, es sei denn, man trägt reichlich Vorräte mit sich herum.

Immerhin, wir haben es besser als die Liebenden im Mittelalter, damals verwendete man als Verhüterli so charmante Dinge wie Schafsdärme (sicher besonders »gefühlsecht«). Neben dem praktischen Grund, der Vermeidung von Ansteckungen, gab und gibt es aber auch noch einen wichtigen psychologischen Grund: die Angst des Mannes davor, verglichen zu werden, denn so wie es immer einen (viele) gibt, der reicher ist, schöner, jünger, so gibt es auch immer einen (viele), die bessere Liebhaber sind. Nur eine Jungfrau schützt ihn vor solchen Vergleichen, für den Fall, daß sie treu bleibt, was allerdings auszuschließen ist.

Aber immerhin, meist betrügt sie ihn ja nicht sofort, meist erst nach einer Reihe von Jahren, und bis dahin bleibt seine »Männlichkeit« unangekratzt. Außerdem hatte es die Männergesellschaft, wenn auch nur für einige Jahrhunderte, geschafft, die Ehebrecherin gesellschaftlich so zu ächten, daß für eine Frau schon eine Menge Mut dazugehörte, sich einen Liebhaber zu nehmen. (Und Schlauheit und Verstellungskunst und Gelegenheit). Ich glaube, es ist müßig zu erwähnen, daß diese ehernen moralischen Regeln über die eheliche Treue nur für den weiblichen Teil galten. Männer durften immer.

Da es sich bei diesem Jungfräulichkeitskult ausschließlich um ein Ideal handelte, das von den Männern gefordert wurde, ist es nicht verwunderlich, daß diese Wertvorstellung, zusammen mit der gesellschaftlichen und damit auch sexuellen Befreiung der Frau, immer bedeutungsloser wurde. Heute muß es sich jeder Liebhaber gefallen lassen, verglichen zu werden und zum Aidstest gehen heute beide (wenn sie vorsichtig sind). Allerdings haben auch beide das gleiche Problem: die Treue. – Und die fällt ihr allemal schwerer als ihm. (Siehe auch das Kapitel: Die Treue.)

Das erste Mal

Es ist merkwürdig, daß man allgemein von einem Verlust spricht (dem Verlust der Unschuld), wo es sich doch um einen Gewinn handeln sollte. Kein Mann wird sich als solcher fühlen, solange er »es« nicht getan hat, und keine Frau möchte als Jungfrau sterben. (Nonnen?)

Das Problem ist nur, daß es sich immer um ein Vabanquespiel handelt. Entweder haben beide keine Ahnung, wie »es« geht, oder der/die erste ist unbegabt, phantasielos oder, und das ist die Regel, nicht an der Liebe, sondern nur an Sex interessiert. – Und beim ersten Mal sollte doch schon so etwas wie Liebe dabei sein (finde ich) und nicht nur Neugier. Aber genau das ist es, worum es diesen »Kindern« heute geht, um die Befriedigung ihrer Neugier und darum, »dazuzugehören«, auch mitreden zu können.

Und das ganze natürlich ohne Pille, ohne Kondom und natürlich ohne Aidstest; aber Kinder haben ja glücklicherweise (fast) alle einen Schutzengel. Der/die erste, das kann ein Schock fürs Leben sein oder der Einstieg in die Wunderwelt der Gefühle, meist ist es aber ganz einfach eine Enttäuschung, in jedem Falle ist es aber ein Erlebnis, das niemand vergißt, fragen Sie einmal Ihren Großvater, Ihre Großmutter; ach so, die entstammen noch einer Generation, wo man über »so was» nicht spricht. Trotzdem vergessen werden sie es nicht haben, wenn es auch kaum jemanden gibt, der/die beim ersten Partner geblieben ist.

Warum dieses erste Mal so wichtig ist, das ist ganz einfach

zu erklären, denn es ist eben wirklich »der« Schritt ins Leben. Soweit es die Mädchen angeht, ist es fast immer ein enttäuschender Schritt. Fast alle sagen sich (und anderen): »Das also soll es gewesen sein? Das große, das einmalige Gefühl? Das Erlebnis, das eine andere aus mir gemacht hat, eine Frau? Das war das, worum sich die Welt dreht (wie ja alle Bücher, Filme und Lieder behaupten). Nein, das kann es nicht gewesen sein.«

Der Junge wird wesentlich weniger differenziert damit umgehen. Er ist jetzt ein Mann, er kann damit prahlen, für die, die »es« auch schon gemacht haben, gehört er jetzt dazu und wird für voll genommen, die anderen, die »Unschuldigen«, werden ihn bewundern – und das genügt ihm, vorerst. Ein Vergnügen war es nämlich ohnehin in den seltensten Fällen für ihn. Da war zuviel Angst, etwas falsch zu machen, zu versagen, sich lächerlich zu machen. (Ja, ja, die Leistungsgesellschaft.)

Das Vergnügen an der Sexualität kommt für beide (fast immer) erst später. Bei ihr, wenn sie einen gefunden hat, bei dem der »Spaß« daran wenigstens ein bißchen mit den Vorstellungen, die sie (meist nur unbewußt) hat, übereinstimmt; bei ihm, wenn ein echtes Gefühl da ist, wenn es nicht mehr Neugierde und Prahlsucht ist, sondern Liebe.

Ich würde jedem Menschenkind wünschen, daß »es« das erste Mal aus Liebe geschieht – und nur aus Liebe, denn wie sagt schon Paulus: »Die Liebe verzeiht alles«, auch Unerfahrenheit, Ungeschicklichkeit. In der Liebe ist das Suchen schöner als das Finden (ich meine das natürlich rein körperlich), und vom ersten hingehauchten Kuß bis zur leidenschaftlichen Umarmung, das ist eben ein Stückchen Weg.

Wenn es aber schon nicht die »reine Liebe« sein kann (beim ersten Mal) dann, liebe »Kinder«, sucht euch eure Partner wenigstens mit etwas mehr Instinkt aus – und immer schön vorsichtig.

Aber das Leben ist ja erfreulicherweise recht bunt und auch immer wieder neu. Für uns alle gibt es zum Glück nicht nur ein erstes Mal. Jede neue Liebe hält ja, immer wieder, ein weiteres »erstes Mal« bereit. Ob wir fünfzehn oder fünfzig sind, die Spannung, die Erwartung und die »Angst« sind immer wieder da, wenn wir »es« mit einem neuen Partner das erste Mal versuchen. Immer wieder sind wir unsicher, neugierig, warten auf die Ekstase, auf das Wunder, das ja auch wirklich manchmal geschieht. (Ich spreche hier natürlich nicht von den Männern, die sich verhalten wie Sexmaschinen, und auch nicht von den Frauen, die sich »verkaufen« wie oder als Huren).

Wer bei jedem ersten Mal, auch dem 30. oder 200. Mal, keine Angst hat, keine Erwartungen, Hoffnungen, wer nicht dieses Fieber spürt, dieses »das muß es sein«, der verdient wirklich nicht, daß jemand, der lieben kann (Frau oder Mann), sich mit ihm/ihr auf die Matratze begibt – oder wohin auch immer.

Hinweis an die Frauen:
Männer (solche, mit denen es sich lohnt) werden immer nicht nur voll Neugierde sein (das sind Sie ja auch), sondern auch, zumindest ein bißchen, voll Angst, nicht vor dem Versagen, sondern davor, Ihnen, meine Damen, nicht genügen zu können (und das ist ja – das wissen Sie und ich – auch meist so. Aber das liegt meist nicht an ihm, dem einen, der gerade das Vergnügen mit Ihnen hat, sondern an der allgemein unbegabten Spezies Mann überhaupt). Nehmen Sie also, zumindst beim ersten Mal, den Willen für die Tat. Es wird schon werden.

Nationalitäten

Daß ein Türke anders ist und anderes ißt, und daß er anders »liebt« als beispielsweise ein Skandinavier, diese Erkenntnis kann als bekannt vorausgesetzt werden, ebenso, daß es Unterschiede in Aussehen, Aufreten, Lebenseinstellung und in der Einstellung zum anderen Geschlecht gibt. Ein Brite, der von seiner Frau betrogen wird, reagiert anders als ein Sizilianer, dasselbe gilt natürlich auch für die Britin und die Sizilianerin.

Wenn wir uns (vorerst) nur Europa betrachten, können wir selbst hier schon feststellen, daß das Nord-Süd-Gefälle auch in der Geschlechterbeziehung vorhanden ist. Es scheint, als gäbe es eine Wechselwirkung zwischen schwächerer Sonneneinstrahlung und der »Schwäche« der Männer. Ein Sizilianer, der von seiner Frau betrogen wird, bringt diese um, zumindest sollte er das tun, nach dem Ehrenkodex der dortigen Gesellschaft. Ein Deutscher, der von seiner Frau betrogen wird, meistens auch noch von dieser verlassen – bringt sie nicht um, nein, im Gegenteil, er zahlt (wenn er wohlhabend ist) in Zukunft für ihren Lebensunterhalt und wenn sie geschickt ist auch noch für den ihres Liebhabers.

Denn Ehebruch ist zwar immer noch ein Scheidungsgrund, da aber das Schuldprinzip abgeschafft wurde, bleibt nur noch, daß der Partner mit dem größeren Einkommen den geschiedenen Partner mit dem geringeren (oder keinem) Einkommen zu alimentieren hat; wenn er Pech hat, bis zum Lebensende.

Interessanterweise bekommen die Frauen, die schon während der Ehe, durch Nichtstun, den angenehmeren Teil der Partnerschaft erwischt hatten, nach der Scheidung am meisten. Die Frauen, die brav zum gemeinsamen Lebensunterhalt beigetragen haben, weniger oder nichts. – Logisch, gell? Wo in archaischen Strukturen Ehen noch von den Eltern (wie zum Beispiel in der Türkei) gestiftet werden, und sich die Brautleute weder kennen noch besonders mögen müssen, fallen sowohl der Gefühlskitsch der Verliebtheit als das alberne Balzgehabe der Männer weg, da geht es um den Kaufpreis (Brautpreis) beziehungsweise um die Mitgift, vor allem aber um die »Unbescholtenheit« der Braut, sie ist das Kriterium überhaupt.

Unsere west- und mitteleuropäischen Frauen, von denen wirklich keine mehr unberührt in die Ehe geht, kosten dafür auch nichts, allerdings bringen sie meist auch keine Mitgift ein.

Daß in den südlichen Ländern eine Frau, wenn schon nicht ihr Leben, so doch ihren sozialen Status verliert, wenn sie beim Ehebruch erwischt wird, anstatt, wie in nördlichen Breiten auch noch durch Alimentierung dafür bezahlt zu werden, beweist, wie logisch man in manchen Weltgegenden noch immer ist. Denn: Kennen Sie einen Ehemann hier bei uns, der sicher sein kann, von seiner Frau noch nie betrogen worden zu sein (oder nächstens zu werden)? Sehen Sie!

Eine Umfrage (August 1991) ergab, daß 55 Prozent aller Ehefrauen jederzeit bereit sind, ihren Partner zu betrügen, wenn sich eine Gelegenheit bietet; der Rest ist wohl nicht jederzeit, dafür aber grundsätzlich dazu bereit.

Wir Nord-, West- und Mitteleuropäer laufen einer Angebeteten nach, stürzen uns in finanzielle und seelische Unkosten und verwenden eine Unmenge Zeit für etwas völlig Sinnloses. Sinnlos deshalb, weil sich die »Auserwählte« schon in den ersten Minuten darüber im klaren war, ob sie den Bewerber sexuell anziehend findet oder nicht, das einzige, was sie noch abklärt, während um sie geworben wird, ist der soziale, der wirtschaftliche Status des »Jägers«, der doch nur Beute ist.

Während »die Herren der Schöpfung« also glauben, hartnäckigen Widerstand zu brechen (im Erfolgsfalle), hat sie, die Umworbene, sich längst entschieden; und wenn sie ihn nicht will (was allerdings nur der Fall ist, wenn sie auf einen »Besseren« hofft), dann läßt sie ihn, auf jeden Fall, noch eine ganze Weile zappeln, denn jeder Bewerber, ob interessant für sie oder nicht, schmeichelt ihrer Eitelkeit und erhöht ihr Selbstwertgefühl.

Manche Frauen reagieren sogar mehr als ungehalten, wenn ein Verehrer nach langem, erfolglosem Werben seine Bemühungen einstellt, insbesondere, wenn er einer anderen seine Bewunderung und Verehrung schenkt.

Während der coole Nord-, West- und Mitteleuropäer also verliebt ist und sich entsprechend idiotisch benimmt, ist sein »Bruder« tief im Süden schon verheiratet. Der eine läuft mit einer hübschen Ansammlung von Geweihen durch die Gegend, der andere weiß, daß über seine Ehre nicht nur er, sondern die ganze Gemeinschaft wacht, und daß die Gefahr an Leib und Leben und an sozialer Ächtung sein Eheweib zwingen, treu zu bleiben.

Das ist übrigens der einzige Grund, denn natürlich würde die Türkin oder Sizilianerin (um nur zwei Beispiele zu nennen) ihren Mann genauso betrügen, wenn es nicht so riskant wäre.

Ein Beispiel aus Asien: Die Frauen vom Stamm der Karen tragen von Kindesbeinen an goldene Ringe um den Hals, die denselben strecken; alle paar Jahre kommen einige Ringe dazu. Wenn nun eine Karenfrau ihren Ehemann betrügt und dabei erwischt wird, dann nimmt man ihr die Halsringe ab. Da die Halsmuskulatur sich nie enwickeln konnte, kippt der Hals weg, und sie bricht sich sofort das Genick. Einen ähnlichen Brauch gibt es übrigens auch bei einigen afrikanischen Stämmen.

Merke: Über die Treue einer Frau entscheidet einmal ihre »Zufriedenheit« mit ihrem augenblicklichen Partner und zum anderen die Gesellschaft, in der sie lebt, mit ihren moralischen Wertvorstellungen. Der betrogene Ehemann ist zwar sowohl im Norden als auch im Süden eine Spottfigur, es wird ihm (fast immer zu Recht) sexuelles Versagen vorgeworfen, daneben aber Dummheit und Schwäche. Der betrogenen Ehefrau unterstellt man hingegen nie (oder höchst selten), daß ihr sexuelles Unvermögen oder ihre Lieblosigkeit, was ja eigentlich dasselbe ist, der Grund für seinen Ehebruch ist, daß es das Desinteresse an ihm und seinen Bedürfnissen war, das ihn zu einer anderen Frau getrieben hat.

Hinweis an die Männer:
Kaum ein Mann ist in der Lage, die weibliche Sexualität wirklich zu befriedigen, vor allem nicht auf Dauer. Da diese Tatsache aber nicht allgemein bekannt ist, sucht die eine Hälfte (die Frauen) das Glück, wenn auch erfolglos, bei anderen – und die andere Hälfte (die Männer) sucht die Schuld dafür bei sich. – Ja, und daher kommen die betrogenen Ehemänner.

Christentum und Islam

Christentum und Islam, die beiden großen Weltreligionen, sind beides Glaubenslehren, in denen die Unterdrückung der Frau vorprogrammiert ist durch Regeln und Gesetze, durch Gebote und Verbote; im Detail bestehen allerdings wesentliche Unterschiede. Der Islam ist nämlich, zumindest von der Idee her, wesentlich weiser, vernünftiger und auch sozialer. Diese Auffassung wird Sie, lieber Leser, und vor allem Sie, verehrte Leserin, vielleicht im ersten Augenblick überraschen. Lesen Sie! Lesen Sie, und Sie werden wissen, vielleicht werden Sie mir sogar zustimmen.

Für die römische Kirche sind die Frauen noch heute Menschen zweiter Klasse. In der an Verfolgungen und Greueln reichen Geschichte der Christenheit wurden neben »Ketzern«, Heiden und Juden besonders die Frauen unterdrückt und gequält (siehe auch Kapitel »Hexen«). Bis zum Mittelalter (Konzil von Konstanz) galten Frauen nach geltendem Kirchenrecht ganz offiziell nicht als »Menschen«; sie hatten nämlich keine Seele! Paulus, der Apostel, hat der christlichen Lehre ihr Fundament geschaffen. Er hat Christus, den er ja nicht mehr persönlich kannte, sozusagen neu »erfunden«. Von ihm stammt unter anderem der Satz: »Das Weib schweige in der Kirche« – und darauf bezieht sich Rom bis heute, daher stammt das Predigtverbot für Frauen und der Ausschluß aus allen auch nur ein bißchen bedeutenden kirchlichen Ämtern. (Einzige Ausnahme ist die Äbtissin – aber das ist auch schon das Ende der Karriereleiter).

Mohammed, der wahrlich kein Frauenfeind war, die Anzahl seiner Ehefrauen beweist das, hat die Frau ebenfalls aus allen religiösen Funktionen ausgeschlossen, aber während die Frauen im christlichen Abendland als unrein und Gefäß der Sünde galten, fehlt eine ähnliche Herabwürdigung im Islam völlig.

Der Koran berücksichtigt den Männern wie Frauen angeborenen Hang zur Untreue und zieht daraus Konsequenzen, indem er für die Frauen außerhalb der eigenen Mauern die Verschleierung vorsieht und den Harem (auch Serail) einführt, und die weiblichen Reize damit der Öffentlichkeit, also den begehrlichen Blicken der fremden Männer entzieht. Die Logik ist: Wo kein Anreiz und keine Gelegenheit ist, geschieht auch kein Vergehen.

Auf den ersten Blick mag es ungerecht erscheinen, daß es (wieder einmal) die Frauen sind, an denen diese »Vorsichtsmaßregel« vollzogen wird, aber es gab zur Zeit des Propheten keine andere Möglichkeit. Die Männer wurden ja in der Öffentlichkeit gebraucht, zum Kriegführen, für den Handel, für Regierung und Verwaltung – und welchen Sinn würde es machen, die Männer zu verschleiern, es ist ja in den seltensten Fällen die männliche »Schönheit«, die die Frauen zu Untreue und Ehebruch verleitet. Ehebruch ist übrigens, nach der Scharia (islamische Gesetzessammlung) ein todeswürdiges Verbrechen – Tod durch Steinigung –, aber für beide, für die Ehebrecherin *und* den Ehebrecher.

Während das Christentum die eine Hälfte der Menschheit als zweitklassig behandelte, gibt es im Islam eine ganze Reihe von Vorschriften, die genau dies verhindern sollen.

Auch die Mehrehe, die übrigens für den gewöhnlichen Gläubigen (also für fast alle) höchstens drei Frauen gestattet, war keine sexistische Entscheidung, sondern eine politische und soziale (übrigens wird sie heute kaum mehr praktiziert). Zwar ist die »Sexualkraft« der Frauen größer als die der Männer – eine Frau hat wenig (körperliche) Mühe mit mehreren Geschlechtspartnern nacheinander intim zu sein, die meisten Männer haben da schon eher Schwierigkeiten, wenn nicht größere Pausen dazwischen liegen – aber es ging ja bei dieser »religiösen« Entscheidung nicht um mehr Lust für die Männer, sondern darum, daß mehr Frauen auch mehr Kinder bedeuten, und der Nachwuchs wurde dringend gebraucht, für die (kriegerische) Ausbreitung des Glaubens.

Außerdem bedeuteten die ständigen Kriege zwangsläufig eine Verringerung des (männlichen) Menschenmaterials und damit logischerweise einen ständigen Frauenüberschuß, der ja auch sozial bewältigt werden mußte.

Die Männer, die in den Eroberungsfeldzügen ihr Leben ließen, waren, wie immer und überall, meist die jüngeren und damit die besonders arbeits- und zeugungsfähigen. (Reiche oder gar Generale sterben höchst selten im Krieg). Was also sollte mit den unverheirateten Mädchen und mit den jungen, unversorgten Witwen geschehen? Das war ja nicht nur eine Frage der wirtschaftlichen Versorgung, es ging auch um das entgangene »Liebesglück« derer, die durch Männermangel unbemannt hätten bleiben müssen. Deshalb »erfand« der Prophet die Mehrehe – und nicht aus Frauenfeindlichkeit oder Lüsternheit.

Darüber hinaus erlaubt der Koran dem Muselman(n) nur dann mehr als eine Frau, wenn er in der Lage ist, alle gleichwertig zufriedenzustellen – und das nicht nur auf materiellem Gebiet. – Es ist immer wieder ein Erlebnis, beispielsweise bei Harrods in London einen Scheich zu sehen, der siebenmal das gleiche Kleid kauft, um jede mögliche Benachteiligung einer seiner Frauen zu vermeiden. Nein, der Koran verbietet weder die Lust noch ist er frauenfeindlich, er ist nur nach den (auch politischen und sozialen) Bedürfnissen seiner Entstehungszeit geschrieben worden und kann nicht (das ist das Problem bei »unveränderlichen Wahrheiten«) weiterentwickelt werden.

Sie fragen sich und mich, was das mit der »Liebe« zu tun hat? Nun, wenn Sie sich bewußt machen, daß die römische Kirche bis ins vorige Jahrhundert verkündete (und viel hat sich da inzwischen nicht geändert), daß das Empfinden von Lust selbst beim ehelichen (!) Beischlaf Sünde ist, wenn sie weiter verkündet, daß der Sinn des Sakramentes Ehe ausschließlich der ist, Kinder zu zeugen (als gäbe es keine Überbevölkerung), dann ist Ihre Frage möglicherweise schon beantwortet. Liebet den Herrn (und die Herren) und erwartet Glück und Seligkeit in der anderen Welt (aber nur wenn ihr brav gewesen seid).

Der Islam verspricht dem Gläubigen zwar auch eine zweite, bessere Welt, insbesondere, wenn er im (Heiligen) Krieg fällt, aber was erwartet ihn dort? Neben anderen, vielfältigen Freuden, die Huris (nicht zu verwechseln mit Huren, im Gegenteil, es handelt sich dabei um Jungfrauen, die es überdies jedesmal danach wieder aufs neue werden – siehe auch das Kapitel Jungfräulichkeit) und nicht geschlechtslose Engel, mit denen er im Chor Hosianna singen darf.

Allerdings sagt auch Mohammed nicht, daß die Frauen als Dank für ein gottgefälliges Leben etwas Gleichwertiges erwartet, das ist wahr.

Androgyn

Wir haben uns im Laufe der Menschheitsgeschichte (der Homo sapiens tauchte etwa vor 250 000 Jahren auf) immer mehr auf die Vereinsamung des Menschen zubewegt – die wir inzwischen auch fast erreicht haben.

In längst versunkenen Zeiten lebten wir in Horden zusammen zu 50 oder 100 Männlein und Weiblein, Kinder und Alte, denn nur die Gemeinschaft ermöglichte das Überleben. Umherschweifend, sammelnd und jagend, blieben die Menschen von Geburt bis Tod bei ihrer Horde. Die stärksten Männchen begatteten die Weibchen, die Kinder wurden von der Gemeinschaft betreut, es gab eine genaue Rangordnung, und wer seine Stärke oder Gebärfähigkeit verlor, rutschte gnadenlos ans unterste Ende der Hierarchie – aber er/sie fiel zumindst nicht ins Leere, auch die Alten blieben Teil der Horde.

Als die Menschen begannen, den Boden zu bebauen und Tiere zu halten, entstanden Siedlungen, später Städte und Staaten. Dadurch veränderten sich die Bezugspunkte, jetzt waren es die Sippe und das Vaterland, die wichtig waren für das Sozialgefüge.

Die Sippe bestand aus all den Familien, die miteinander verwandt waren, und da hielt man eisern zusammen. (Bemerkungen über das Vaterland erspare ich mir und Ihnen).

Das Mutterland, nämlich das Matriarchat, war schon »überwunden«, das heißt, die Männer hatten schon die (fast) alleinige Macht über die Gesellschaft an sich gerissen. Damals sind die Strukturen entstanden, die über ca. 5000 Jahre hielten.

Erst in diesem, unserem, Jahrhundert ist es uns »gelungen«, diese Strukturen aufzubrechen. Heute gibt es (zumindest in den »hochentwickelten« Industriestaaten) kaum noch Familien, die zusammenhalten, nicht einmal im Bereich der Kleinfamilie. Die Alten werden abgeschoben in irgendwelche Heime, das Einzelkind wird vom Fernsehapparat »aufgezogen«, die Partner trennen sich mehr und mehr, übrig bleibt der Mensch als Einzelwesen.

In unseren Großstädten, der ländliche Bereich zieht schon nach, sind bereits die Hälfte aller Bewohner sogenannte Singles, wenn man die Alten und die Kinder abzieht, aber die sind ja in Wirklichkeit auch Singles, nämlich allein. Mann und Frau entfernen sich immer mehr voneinander – und werden sich, das ist das Paradoxe daran, immer ähnlicher. Männliche Berufe werden von Frauen übernommen, und selbst in der Politik wird die männliche Gegenwehr gegen die weibliche Machtbeteiligung immer geringer.

Manche Bodybuilding-Institute haben schon mehr weibliche Kunden als männliche, und an den Hausmann, der putzt, einkauft und (wo noch eine eheliche Gemeinschaft besteht) Kinder wickelt, haben wir uns schon gewöhnt.

Im selben Maße wie die Muskelkraft in unserer Industriegesellschaft von immer geringerer Bedeutung wird, wie Ausbildungsstand und Zugang zu Karrieren für Frauen allmählich selbstverständlicher werden, wird der Mann als Beschützer und Ernährer immer entbehrlicher.

Die Frau, die alleine lebt, ihren eigenen Gehaltsscheck bekommt, ihre eigene Wohnung hat, verlangt von einem Mann andere »Leistungen« als ihre Großmutter und noch ihre Mutter.

Bleibt die Frage, ob die Männer (schon) bereit sind, diese neuen Anforderungen auch zu erfüllen. Es scheint nicht so zu sein – und wenn, bei steigenden Scheidungsraten, der Trennungswunsch mehr und mehr von den Frauen ausgeht, dann ist dies wohl ein Indiz dafür, daß Männer auf dem gewohnten Rollenverhalten beharren, während (viele) Frauen nicht mehr bereit sind, dieses zu akzeptieren.

Frauen und Männer haben sich auseinander entwickelt und tun dies mit wachsender Geschwindigkeit weiter. Es wird zwar noch immer dasselbe Spiel gespielt (es ist ja auch »the only game in town«), aber die Frauen verändern mehr und mehr die Spielregeln. Nicht selten ergreifen heutzutage Frauen, mehr oder weniger unverblümt, die sexuelle Initiative. Das verunsichert zwar die meisten Männer nicht unerheblich, aber vermutlich wird sich das auch noch geben. Die »Damen« (die übrigens allmählich aussterben ohne das Gegenstück, den Gentleman) müssen ja nicht gleich hinterherpfeifen oder in jeden knackigen Po kneifen.

Da vom Mann zwar noch immer verlangt wird, ein Mann zu sein, aber eben ein »neuer Mann« – und er weiß ja nicht, was das ist – er aber andererseits für seine Männlichkeit nicht mehr das gewohnte Objekt hat, zieht er sich, verunsichert, zurück.

Die muskelgestählte Frau, die ihm, im Wortsinne, davonläuft, die schneller schwimmt, besser Squash spielt – und das Schlimmste von allem: auch noch mehr verdient, stört und zerstört sein Weltbild. Auf sich selbst gestellt, muß er aber auch mit all den Arbeiten und Dingen zurechtkommen, die früher Mutti oder die Ehefrau für ihn erledigt haben.

Wenn er nicht im Schmutz ersticken will, dann muß er den Staubsauger und den Putzlappen zur Hand nehmen, und wenn er nicht verhungern will, dann wird er sich etwas kochen (wer kann schon nur von Restaurants und Kantinen leben), dann wären da noch Hemden zu bügeln, Knöpfe anzunähen, man muß einkaufen und waschen und was dergleichen tägliche Verrichtungen mehr sind.

Wenn er aber gelernt hat, mit alldem zurechtzukommen, wozu braucht er dann noch eine Frau, von der einen bekannten Kleinigkeit abgesehen und dafür muß man ja nicht gleich heiraten, man muß nicht einmal zusammenleben.

Die Frauen haben schon immer gewußt, daß Männer eigentlich unnötig sind und nur für die Beschaffung von Wohlstand und (manche) gelegentlich zur Behebung sexueller Spannungen von Nutzen sind, aber auch das kann »frau« zur Not noch alleine; meist sogar besser.

Frau und Mann erkennen also mehr und mehr, daß sie sich in unserer heutigen Gesellschaftsform gegenseitig nicht brauchen, um zu leben, besonders nicht, um zu überleben. Der Mann beim Hausputz, die Frau am Hometrainer oder umgekehrt. Alles ist austauschbar geworden; bis auf den kleinen Unterschied und selbst der wird immer unwichtiger.

Die Beschäftigung mit sich selbst führt natürlich auch zu immer mehr Autoerotik (das hat nichts mit einem Pkw zu tun). So wie schon immer behauptet wurde, eine Frau mache sich in erster Linie für sich selbst zurecht, so ist auch das »stylen« des Körpers immer mit einer ordentlichen Portion Narzißmus verbunden. Der/die Single, der/die mit sich und dem Leben zurechtkommt, aber dabei in einem gewissen Luxus vereinsamt, empfindet diese Leere nach einiger Zeit nur noch unbestimmt.

Es ist ja alles easy, alles cool. Man hat den Sport, die Clique, den Fernseher (manche die Kultur), sich selbst und gelegentlich ein Erfolgserlebnis der sexuellen Art – und das ist es eben. – Sollte das aber alles nicht helfen, dann gibt es für den einen oder die andere ja immer noch das eigene Geschlecht, und wenn es ohnehin kaum mehr einen Unteschied zwischen

Männlein und Weiblein gibt, dann bleibt sich selbst das mehr oder weniger gleich. Was wieder einmal beweist, daß es Liebe nicht gibt oder daß sie zumindest unnötig ist und keineswegs, wie Verliebte immer glauben, lebenswichtig – sonst könnten ja, logischerweise, diese Millionen von Einzelgängern und -innen nicht (über-)leben.

Hexen

Die Ursache der Hexenverfolgungen, einem der dunkelsten und häßlichsten Kapitel in der, an Greueln wahrlich nicht armen Menschheitsgeschichte, war der »Endkampf« der Männer gegen das Matriarchat, das, wie gelegentlich behauptet wird, einmal die allein herrschende gesellschaftliche Lebensform war auf dieser Erde.

Die Männer hatten im Laufe von etwa fünf Jahrtausenden die »Macht« auf fast allen Gebieten an sich gebracht und den Frauen war nur noch ein Gebiet geblieben, in das einzudringen den Männern noch nicht gänzlich gelungen war: die Heilkunde. Die Heilkunde war bis dato fast ausschließlich Naturheilkunde, und die wurde von den sogenannten »weisen Frauen« betrieben. Die Männer hatten lediglich den Bereich der Chirurgie und der Zahnmedizin »erobert«, und das sah auch entsprechend aus.

Chirurgie hieß damals fast ausschließlich Amputation von Gliedmaßen (und zwar durch Absägen), Zahnmedizin hieß Zähne reißen (man nannte diese Mediziner nicht umsonst Zahnbrecher und Knochenbrecher), dazu kam noch der Unsinn des »Zur-Ader-Lassens«. Was immer das Gebrechen oder die Krankheit war, der Patient wurde immer erst einmal zur Ader gelassen (manchmal buchstäblich bis zum Ausbluten).

Natürlich gab es auch Ausnahmen, aber die Weisheit eines Hippokrates oder beispielsweise der Ärzte der ägyptischen Hochkultur waren längst verschüttet und vergessen, wie überhaupt in diesen »dark ages« fast alles Wissen der Antike nicht mehr in den Köpfen vorhanden war.

Sie wollen wissen, warum das so war? Das ist ganz einfach. Es war in Europa nach dem und durch den Zusammenbruch des römischen Reiches etwas gänzlich Neues entstanden, es gab jetzt drei Stände, den Nährstand, den Wehrstand und den geistlichen Stand.

Das vordem in den einfach gegliederten Stammesverbänden der Germanen, Kelten, Iberer und Slawen problemlos funktionierende Sozialgefüge hatte sich nach der Völkerwanderung und der damit verbundenen Landnahme verändert. Der Nährstand, also der Bauer, der auf der (nicht seiner) Scholle saß, der Handwerker in der Werkstatt, war nicht mehr willens und auch nicht in der Lage, jederzeit alles hinzuwerfen, Speer und Schwert zu ergreifen und in den Krieg zu ziehen.

Kriege fanden, aus verständlichen Gründen, immer in den sogenannten schönen Jahreszeiten statt, also dann, wenn der Landmann entweder säen, ernten oder das Vieh weiden mußte, er war also unabkömmlich. Wer aber keine Lust zu mühsamer und immer so fort dauernder Arbeit hatte, konnte immer noch zum Totschläger, pardon zum Ritter (= Reiter) werden, denn zum Töten von Menschen bedarf einer keiner besonderen Begabung, ein bißchen körperliche Stärke, ein bißchen Mut, ein bißchen List und der ideale Kriegsmann ist gefunden.

Die Sache hatte nur einen Haken; das zu schützende Gebiet wurde ja nicht ununterbrochen von Feinden angegriffen, und da die (von den Bauern und Handwerkern ernährten und versorgten) Krieger nun einmal die Schwerter und Speere zur Hand hatten, benutzten sie diese dazu, die, die sie eigentlich beschützen sollten, zu unterdrücken und auszubeuten – und so entstand der Adel, der ja nicht zufällig Schwertadel genannt wurde. Später kamen dann noch der Beamtenadel, der Günstlings-, Beischlaf- und Geldadel dazu.

Der geistliche Stand war ursprünglich dazu gedacht, für das Seelenheil (und den Zugang zum Himmel) zu sorgen, für Kunst, Wissenschaft und Erziehung, aber der Zugang zum Himmel wurde immer teurer, denn die Geistlichen vermehrten sich fortwährend (der wachsende Apparat verlangte natürlich nach immer mehr Personal) und hoben gleichzeitig ihren Lebensstandard gewaltig an. Petrus, der arme Fischer und der erste Papst, hätte sich gewaltig gewundert über seine Nachfolger, in Purpur gewandet, mit Schmuck behangen, von goldenen Tellern speisend. Gott zu dienen war ein überaus einträgliches Geschäft geworden.

Die Geistlichen wurden nicht zufällig »Hirten« genannt (denn daraus läßt sich logisch folgern, daß der Rest die Herde war, die geschoren wurde). Aber die Kirche war nicht nur teuer geworden, sie war inzwischen auch überaus mächtig, und ihre Machtmittel waren nicht von dieser Welt, sie kamen von Gott. Sie waren damit nicht nur billiger als Waffenkauf, Sold und Heerlager, sie waren auch unbesiegbar, und selbst ein leibhaftiger Kaiser sah sich genötigt (der Sage nach barfuß im Schnee und im härenen Gewand), zu Kreuze zu kriechen (ja genau das – und es ist wörtlich gemeint), wenn die Kirche eines ihrer Machtmittel einsetzte, in diesem Fall den Kirchenbann.

Mit der Kunst hatten die Herren Geistlichen weniger im Sinn, mit Kunst läßt sich ja auch schwerlich Macht ausüben, und die Wissenschaft beschränkte sich im wesentlichen darauf, darüber zu diskutieren, wie viele Engel auf einer Nadelspitze Platz finden. Das ist kein Witz, sondern ein bekanntes »wissenschaftliches« Disputationsthema der Scholastik.

Die Universitäten waren ausschließlich in den Händen »der

Kirche« (die erste christliche Universität wurde übrigens im 13. Jahrhundert gegründet, das heißt, seit der Blütezeit des griechischen »Denkens« waren etwa anderthalb Jahrtausende vergangen. Man denke, Jahrhunderte und Jahrhunderte ohne »denken« (wahrhaft »dark ages«).

Unter Erziehung aber verstand die Kirche, fast ausschließlich, die Ausbildung ihres eigenen Personals zum Erhalt einer hierarchisch geschlossenen Interessensgemeinschaft – und nur das; daß damit natürlich nur die Mitglieder der Geistlichkeit lesen und schreiben konnnten (und dazu noch über eine »Geheimsprache«, das Latein, verfügten, die niemand sonst verstand), führte zu einem Monopol, über das (wenn auch bescheidene) Wissen und über die Weitergabe von Informationen. Der Begriff des Herrschaftswissens könnte damals erfunden worden sein.

Stellen Sie sich folgende Situation vor (und machen Sie sich Ihre eigenen Gedanken): Karl der Große erhält eine Nachricht, aus einer entfernten Gegend seines Riesenreiches, diktiert von einem Grafen (militärischer und wirtschaftlicher Verwalter eines Teilgebietes), geschrieben von einem Geistlichen, vorgelesen wird ihm diese Nachricht wiederum von einem Geistlichen, ja ja, auch Karl der Große konnte weder lesen noch schreiben; na, merken Sie etwas. Kein Telefon, kein Fax und alle Informationen, die Sie erhalten, sind gefiltert (oder besser kontrolliert) von dem Agenten einer – wenn schon nicht feindlichen – so doch konkurrierenden Macht.

Und dazu noch die Ohrenbeichte, notfalls der Kirchenbann und die ewige Seligkeit gab es auch nur sicher, wenn so ein Herrscher fleißig Klöster und Kirchen »stiftete«. (Das ist mir ein schöner Absolutismus, aber gut).

Fein, diese Umstände, oder besser Zustände, herrschten also im Mittelalter. Der Adel hat seine Position absolut gefestigt, die Kirche die ihre zementiert, und unter diesen beiden wurde der sogenannte kleine Mann ausgebeutet, kujoniert, gegängelt – und vor allem die Frau des kleinen Mannes, fast ohne alle Rechte, ohne eigenen Besitz, unterdrückt noch von ihrem Mann, der seinerseits schon nichts zu sagen hatte.

Erlaubnis zur Heirat oder Ortsveränderung nur mit Zustimmung des »Herrn«, Leibeigenschaft und dazu die ständige Drohung mit der ewigen Verdammnis. Bei Unbotmäßigkeit von dem einen Prügel oder Schlimmeres, durch den anderen die Bedrohung mit dem Verlust des Seelenheiles, und das war eine ganz ernstgenommene, durchaus als real verstandene »Bestrafung«, denn nach Jahrhunderten ohne jede andere »Information«, nach dem Verlust der Denkfähigkeit ganzer Völker, waren »Himmel« und »Hölle« zu einer Realität geworden, an die jeder Mann und jede Frau glaubte – halt, nicht jede Frau!

Denn: Ein Rest hatte sich aus den (zumindest für die Frauen, vielleicht aber für die Welt) goldenen Zeiten des Matriarchats herübergerettet bis in diese dunkle Zeit.

Es gab sie immer noch, und es gab sie überall: die weisen Frauen, die, die alles wußten über den Kreislauf der Natur, über nützliche und schädliche Kräuter, über das »Besprechen« von Wunden, von krankem Vieh, über den Körper, vor allem über den Körper der Frauen (von dem die Männer in dieser Zeit auch nicht mehr verstanden als in den Zeiten davor und danach), über das Gebären, über Empfängnisverhütung, natürlich auch über Abtreibung, über Liebestränke (Aphrodisiaka). Kurz, die »weisen Frauen«, vulgo Hexen, waren mächtig, sie konnten viel zum Wohlbefinden eines Menschen beitragen, sie konnten natürlich auch schaden (denn wer heilen kann, kann auch krank machen – zumindest in der Naturmedizin); sie wurden also folgerichtig verehrt und gefürchtet, und sie waren damit eine Macht.

Den institutionalisierten Mächten waren sie deshalb, logischerweise, ein Dorn im Auge, insbesondere der Kirche, die ständig und zu Recht ihr Wissenschaftsmonopol bedroht sah. Wer sollte sich, unter den damaligen Umständen, veranlaßt sehen, einen Medicus aufzusuchen, der Lateinisches vor sich hinmurmelte, bares Geld verlangte, so gut wie nie Hilfe brachte und (wir dürfen den Anteil des Psychologischen bei Heilerfolgen nicht vergessen) einer anderen Gesellschaftsschicht angehörte, dem die Menschen, die er behandelte meist in ihrer Denk- und Lebensform fremd waren.

Die »weise Frau«, das war eine Nachbarin, eine aus dem Dorf, sie hatte dem Kranken vielleicht in die Welt geholfen (denn natürlich waren die »Hexen« auch Hebammen), und wenn der Patient eine Frau war, dann wußte sie, als Frau, um Frauenleiden (und auch Freuden).

Männliche Ärzte haben bis ins 19. Jahrhundert hinein bei Unterleibsuntersuchungen lediglich ihre Hände zu Hilfe nehmen können, stellen Sie sich diese Untersuchungen vor: das Gefummel unter den Röcken, Diagnosen ohne einen Blick auf den zu untersuchenden Körperteil, Feststellung von Schwangerschaften, Geburtsrisiken durch Abtasten. Wo die »Hexe« ein Getreidekorn mit ein paar Tropfen Urin beträufelte und unfehlbar konstatierte, ob schwanger oder nicht, entschied der Herr Doktor durch das Feststellen von Wölbungen des Bauches oder der ausbleibenden Menstruation.

Gut, die Kirche hatte also die Gefahr erkannt, die Mitkonkurrentinnen um den Einfluß auf »die Herde« mußten ausgeschaltet werden, der wichtige Zweig der Wissenschaft, die Medizin mußte endlich auf die (kirchlichen) Universitäten übergehen, natürlich auch die Einkünfte daraus, auch die Landesherren waren dafür, erstens zahlten die weisen Frauen keine Steuern für eine Tätigkeit, die mehr oder weniger im geheimen ausgeübt wurde, zweitens hatten die Herrschenden, weil sie fast ausschließlich Unterdrücker waren, Angst davor, aus Rache für die eine oder andere Untat »verhext« zu werden, denn es läßt sich denken, daß so mancher verprügelte Leibeigene, so manche vergewaltigte Magd dem Herrn gerne ein paar Tropfen eines wirksamen Mittels in den Trank geschüttet hätten (und gelegentlich vielleicht sogar haben).

Nun konnte man aber nicht einfach, grundlos, eine Vielzahl von ihrer Umwelt geachteter Menschen umbringen (nicht einmal damals), eine Umerziehung war ausgeschlossen, die weisen Frauen hätten über ein Verbot ihrer Tätigkeit nur gelacht, oder sie hätten einfach, vielleicht etwas heimlicher als bis dahin, weitergemacht. Man mußte sich also etwas ausdenken – und man fand etwas.

Himmel und Hölle waren für die Menschen »Realitäten«, also auch der Teufel und so wie vor langer Zeit Gott zur Welt gekommen war und unter uns wandelte, so kam jetzt (sozusagen auf Befehl der Kirche) der Teufel in die Welt, der bis dahin brav in der Hölle gesessen hatte, um dort auf die armen, aber bösen Sünder zu warten. Die Logik war: Weisheit, die nicht von der Kirche kommt, kann nur vom Teufel kommen. Aus der Fähigkeit, neben dem Guten (der Heilung) auch Böses zu tun (zum Beispiel durch Gifte), wurde das ausschließlich Böse. Wie hätte man den Schäfchen auch erzählen sollen oder können, daß die wiederhergestellte Gesundheit ein Werk des Teufels sei.

So wurde aus der »weisen Frau« die Hexe. – Das Volk hatte ja schon vorher feinsäuberlich unterschieden zwischen weißer und schwarzer Magie, denn natürlich gab es unter den Hexen vereinzelt auch solche, die sich mehr auf das Sammeln und Anwenden giftiger Kräuter verstanden oder »spezialisierten« als auf die heilsamen, aber die waren doch sehr in der Minderzahl. Es gab also, und das Volk wußte das, unter den weisen Frauen einige schwarze Schafe, und jetzt tat die Kirche ein Wunder, sie färbte mit ein paar Predigten, ein paar Büchern, ein paar Disputationen die vielen »weißen« Schafe um, jetzt gab es nur noch schwarze und das Schlimme war, das geistliche Fußvolk, die Pfarrer, die Mönche und auch die »Frommen« glaubten, allmählich, was da ex cathedra verkündet wurde. Die Hexenjagd begann – und sie dauerte fast fünfhundert Jahre, ja Unvernunft ist zäh, Vernunft aber auch, besonders wenn sie weiblich ist.

Heute gibt es wieder vereinzelt Hexen. Das heißt, es gibt Frauen, die sich selbst als Hexen bezeichnen und die versuchen, an die Tradition der weisen Frauen anzuknüpfen, aber das Wissen, vorher von Generation zu Generation weitergegeben, ist versunken und vergessen, und – was noch schlimmer ist, viele der Pflanzen, die zur damaligen Heilkunst gehörten, sind ausgerottet oder nur noch äußerst selten aufzufinden. So bleibt den neuen Hexen meist nur die Anbetung des Mondes und der (faule) Zauber der Weissagung aus Karten, Sternen oder dem Kaffeesatz. Schade.

Jetzt wollen Sie noch wissen, was dieses Kapitel mit dem Thema des Buches zu tun hat? Na gut. Ich denke, so wie Männer mit Frauen umgehen (umgingen) und umgekehrt, mit welchen Mitteln der »Krieg der Geschlechter« geführt wird, das hat sehr wohl etwas mit dem Begriff »Liebe« zu tun. – In der ganzen Menschheitsgeschichte gibt es nicht ein Beispiel, wo Frauen (in ihrer Mehrheit) Männer auch nur annähernd auf eine derart grausame, bestialische und sexistische Art und Weise gequält hätten, wie es diese Hexenjäger, auch aus einer widerlichen und verklemmten Sexualität heraus, mit (fast ausschließlich) Frauen getan haben.

Anmerkung für Protestanten:
Wußten Sie, daß selbst Luther an die Existenz von Hexen glaubte und gar nichts gegen ihre Verfolgung einzuwenden hatte, im Gegenteil?

Die Umwelt

Was dieser Welt angetan wurde, geschah ihr nur von einer Hälfte der Menschheit, von den Männern. Sie haben in ihrer Gier nach Macht, nach Reichtum, nach »Unsterblichkeit« unseren Planeten gründlich ruiniert.

Keine Frau wäre jemals auf die Idee gekommen, den Fluß, aus dem sie das Wasser zum Kochen und Trinken schöpft, in dem ihre Kinder baden, in dem sie Geschirr und Wäsche reinigt, zu vergiften. Frauen hätten niemals ganze Länder abgeholzt, wie es die römischen Feldherren und Cäsaren taten (Spanien oder Sardinien, Griechenland oder Sizilien) nur um Kriegsschiffe zu bauen – und wie es noch heute die (von Männern beherrschte) Industrie tut, mit den Regenwäldern.

Frauen würden auch keine Atomkraftwerke betreiben, zumindest nicht nach Tschernobyl. Sie würden keine Lebensmittel vergiften durch gefährliche Schädlingsbekämpfungsmittel, die letztlich Pflanzengifte sind und die durch die Nahrungskette bei ihnen und ihren Familien ankommen müssen. Sie würden nicht diesen Planeten ausplündern, bis für die Nachkommenden nichts mehr übrig bleibt als Zerstörung und Müll.

Ich will hier nicht das hohe Lied der Frauen singen, die Tag und Nacht nur an die Umwelt denken, aber wenn Sie sich in Ihrem Bekanntenkreis umsehen, dann werden Sie feststellen, daß es immer (fast ausschließlich) die Frauen sind, die sich darum kümmern, daß die Müllberge nicht weiter wachsen und daß umweltverträgliche Produkte benützt werden. Es sind die Frauen, die sich darum sorgen, was aus dieser Welt und unserer Umwelt werden soll, weil sie sich Gedanken darüber machen, was aus ihren Kindern wird und weil sie um der Kinder willen wollen, daß diese Welt fortbesteht. Das liegt nicht daran, daß Frauen die besseren Menschen sind. Es liegt daran, daß Frauen, im Gegensatz zu den Männern, das Bewahrende repräsentieren.

Wenn ein Mann am Morgen aufsteht, dann plant er schon Erfolge: weiter, schneller, höher. Er will die Welt (und vor allem sich) vorwärts bringen, und das heißt, er will Veränderungen, etwas Neues – koste es, was es wolle.

Frauen denken auch an morgen – aber anders. Sie wollen, daß sie, ihre Kinder, ihre Familie auch am nächsten Tag noch zu essen haben, daß das Dach über dem Kopf hält, daß niemand frieren muß, kurz: daß die Welt im Gleichgewicht bleibt. Für sie muß es nicht unbedingt mehr und immer mehr sein; das Bestehende zu erhalten, das ist weiblich. So wie Frauen keine Kriege wollen, weil sie zuerst Mütter sind und Ehefrauen, weil sie Angst haben um ihre Männer und Söhne, so wollen sie auch keinen »Fortschritt«, dessen Preis zu hoch ist oder zu hoch sein könnte.

Auch die Tatsache, daß vergleichsweise wenige Frauen große Karrieren machen, hat damit zu tun. Für die Frauen kommt zuerst das Leben, Glück, Ausgewogenheit und dann erst der Aufstieg, der Erfolg. Haben Sie, um nur ein Beispiel zu geben, jemals von einer Frau gehört, die das ganze Vermögen an der Börse verspekuliert hat, nur um noch reicher zu werden?

Kennen Sie ein weibliches Wesen, das bereit wäre, in ein Krisengebiet Giftgasfabriken zu exportieren, damit dort (auch) Alte, Frauen und Kinder umgebracht werden können? (Ja, ich weiß: Golda Meir, Indira Gandhi, Margaret Thatcher

– aber mal ehrlich, sind diese Damen typisch für das weibliche Geschlecht?)

Und, meine Herren, einer Frau ist ein Mann, der dafür sorgt, daß die Kinder ihre tägliche Milch bekommen (und zwar unvergiftet), bei dem sie sich nicht um den nächsten Tag sorgen muß, allemal lieber als einer, dessen Ideen zu den größten Hoffnungen berechtigen, der die Welt verändern möchte – und vielleicht sogar könnte; denn Hoffnungen machen bekanntlich nicht satt und die Veränderungen, die dieser Art von tatensüchtigen Männern in der Welt bisher hervorgerufen haben, waren meist (letztlich) keine »Verbesserungen«, sondern sie führten viel zu häufig zu Zerstörungen – immer aus weiblicher Sicht betrachtet.

Es scheint, die Zerstörung dieser Welt kann nur aufgehalten werden, wenn die Frauen es verhindern. Es ist nicht einmal ein stärkerer weiblicher Einfluß in der Politik vonnöten (so wünschenswert er auch wäre), es genügt dazu, daß sich die Geschlechter weiter in dem Tempo voneinander entfernen, wie sich das im Augenblick beobachten läßt, denn, so paradox das klingen mag, die Männer zerstören diese Welt, um den Frauen zu gefallen – obwohl dies den Frauen nicht gefällt.

Jeder Mann, der die Welt »verändern« will, tut dies, um den Frauen (oder einer Frau) zu gefallen. Je größer aber das gegenseitige Desinteresse wird, desto weniger Grund besteht für dieses männliche Imponiergehabe. Wenn die Männer erst einmal darauf verzichten, reich, berühmt oder mächtig zu werden, weil sie nicht mehr daran interessiert sind, einer Frau zu gefallen, wenn dieser Antrieb für an sich sinnlose Aktivitäten weggefallen ist, haben sie auch keine Veranlassung mehr, »große Taten« auf Kosten der Welt und der Umwelt zu verrichten.

Was zu beweisen war: Unsere Welt wurde und wird aus

Geldgier und Machthunger zerstört. Geld und Macht sind aber für die Männer nur Hilfsmittel, um die Frau(en) zu gewinnen, also zerstörten und zerstören die Männer diesen Planeten – aus Liebe. (Oder was sie dafür halten).

Die Kunst (nicht die zu lieben)

Wann jemals hat eine Frau ein großes Kunstwerk geschaffen? Wo sind die Symphonien, die Statuen, Dramen, Kreuzlegungen Christi und die Sonnenblumenfelder, die von weiblicher Hand geschaffen wurden? Wo die Tempel, die Paläste? Selbst die Gärten und Parks wurden noch von Männern geplant. Auch etwas so Profanes, wenn auch höchst Genußreiches, wie die haute cuisine, ist noch männlich. Und wo blieben die großen Erfindungen und Entdeckungen des »zweiten« Geschlechtes? Ja, ja, da war Sappho und zwei, drei andere, Madame Curie und noch die eine oder andere Wissenschaftlerin – aber ist das nicht ein bißchen wenig für zwei oder drei Jahrtausende?

Ich weiß, meine Damen von der Emanzipation, was Sie jetzt sagen wollen: Die gesellschaftlichen Verhältnisse, die Unterdrückung der Frau durch den Mann, die Verweigerung des Zugangs zu Bildung, Forschung und Lehre sind schuld daran. Alles (verzeihen Sie) Quatsch und grundfalsch, denn immer durch die ganze Geschichte gab es auch Frauen mit Macht, Einfluß und großem Vermögen, denen alle Möglichkeiten offenstanden. Es gab auch, zu allen Zeiten, Frauen (zugegeben Frauen reicher Männer, aber was macht das schon), die Muße in Hülle und Fülle gehabt hätten, aber anstatt ein Porträt zu malen, haben sie lieber den Kaffee für das Damenkränzchen gemahlen.

Nein, meine Damen von der Emanzipation, die Gründe liegen ganz woanders. Ich denke, es ist hinlänglich bekannt, daß die wenigsten Künstler im Wohlstand lebten oder aus reichen oder einflußreichen Familien stammten, kaum einer verfügte über die Mittel, die angeblich Bildung (und damit Kunst) erst möglich machen. Kunst zu schaffen, hieß für die meisten Armut und Entbehrungen ertragen, unverstanden zu sein und am Rande der Gesellschaft zu leben. – Und das genau ist der Punkt. Das ist die Erklärung, warum wir (fast) nirgendwo die »Künstlerin« finden. Frauen denken überhaupt nicht daran, wegen solcher »Spinnereien« auf das Leben zu verzichten, auf Glück, Wohlstand, Wärme, kurz, auf die Normalität.

Die Schöpfungen der Männer sind letztlich nichts anderes als Weltflucht. All diese Meisterwerke (wenn es sich denn um solche handelt) wurden geschaffen aus Mangel an »Leben«, aus der Unfähigkeit heraus, mit der Wirklichkeit umzugehen und die Welt so zu ertragen, wie sie ist.

Die Welt ist schlecht? Na und, die Männer erfinden sich eine neue, eine bessere, in Romanen, Erzählungen, Bildern und in der Musik. Die Menschen sind nicht schön (genug)? Macht nichts, malen wir uns, dichten wir uns Schönheit; zauberhafte Göttinnen und Grazien, modellieren wir uns vollkommene Körper, eine Aphrodite, einen David, einen Perseus – schönen wir das Leben. Die Liebe, so wie sie nun einmal ist, ist kompliziert, mit »Körperlichkeit« verbunden, gar mit Schweiß, mit Lärm und ganz alltäglichem Betrug? Wie schrecklich! Wir erfinden uns eine andere, eine bessere und »reinere«.

Dante hat seine »göttliche« Beatrice ein Leben lang von ferne angehimmelt und für sich und uns (kein Problem bei diesem Abstand) ein himmlisches, reines, fehlerloses Geschöpf aus ihr gemacht. – Hätte er sie einfach bei einem Spaziergang am Ufer des Arno angesprochen, wäre er vielleicht darauf gekommen, daß es sich nur um ein verzogenes

Patrizierbalg mit einer schönen Larve, Stroh im Kopf und Lust auf ein rasches Abenteuer gehandelt hat. Vielleicht. – Aber wo wären dann die unsterblichen Verse, der literarische Höhepunkt der italienischen Renaissance?

Als da Vinci die Dame Gioconda gemalt hat, hat diese vielleicht nur dumm vor sich hin gegrinst, seine oder »die« Kunst hat das »Lächeln der Mona Lisa« daraus gemacht. Und jetzt stehen täglich Hunderte im Louvre vor diesem Bild und rätseln über das Rätselhafte im Weibe – daß ich nicht lache (oder lächle). Warum aber haben (bis heute) nur Männer die Fähigkeit, in sich hineinzuhören und aus sich heraus Musik zu schaffen. Warum ist keine/s von all den Sonaten, Impromptus, Klavierkonzerten und Symphonien in einem weiblichen Kopf entstanden? Weil die Frauen außerhalb Ihres Kopfes leben, in der Welt.

Die Frauen konnten schon immer mit der Natur und dem Leben problemlos umgehen, sie hatten die Fähigkeit, das Vorhandene als das zu nehmen, was es war, sie brauchten keine zweite, keine künstliche Welt. – Erst jetzt, wo sie immer mehr »männlich«, oder besser androgyn werden, verlieren sie dieses Talent, unbefangen mit der Wirklichkeit zu leben und selbstverständlich mit ihr umzugehen. Jetzt fangen auch sie an, wie die Männer, sich ein anderes Leben zu schaffen, ein künstliches – durch die Kunst.

Sie fragen, was das mit dem Thema dieses Buches zu tun hat, mit der Liebe? – Aber alles! Die Frauen hören nicht in sich hinein, um dort Musik zu finden, sie hören auf die Stimme ihres Liebsten, auf die Untertöne, die Gefahr bringen können oder Zufriedenheit – und auf das Geschrei ihrer Kinder. Frauen malen keine Bilder und meißeln keine Statuen, weil sie nur das interessiert, was sie um sich herum sehen, weil der Körper, den sie bewundern oder genießen (wollen), aus Fleisch und Blut sein muß, nicht kalt und leblos, sondern warm und spürbar.

Sie bauen keine Tempel und Paläste, weil sie vielmehr daran interessiert sind, daß das Dach über ihrem Kopf keine Löcher aufweist und daß der Keller trocken ist, damit die Vorräte nicht verderben. Frauen sind nämlich ganz einfach praktisch, was das Leben angeht. Und die französischen oder englischen Gärten, mit viel Mühe und Kosten angelegt? Wozu? Einer Frau genügt es, wenn im Frühjahr Blumen blühen, wenn vielleicht noch ein paar Küchenkräuter wachsen und die Bäume Früchte tragen.

Und wozu Lachsparfait auf pochierten Stinkmorcheln im Sahnebett? Die Familie soll satt werden, es soll schmecken und nicht zu teuer sein. Alles andere ist Larifari für eine Frau, soweit es ihren eigenen Herd angeht. Im Restaurant, wenn sie ausgeführt wird, ist das natürlich etwas anderes. Aber da kochen (und bezahlen meist) ja auch Männer.

Hinweis an die Männer:
Wir mögen zwar (zumindest manche) in der Lage sein, unvergängliche Kulturgüter zu schaffen, Träume zu träumen und die eine, einmalige Liebe zu erdichten, aber in der Kunst zu leben und richtig mit Schweiß, Tränen und lebendiger Leidenschaft zu lieben, so daß es schmerzt vor Glück und Wollust, da sind uns die Frauen allemal überlegen. – Also bitte keine Überheblichkeit meine Herren.

Hinweis an die Frauen:
Wenn Sie einen Dichter, Musiker oder Maler kennen und bewundern oder vielleicht sogar ein solches Exemplar zu Hause haben, vergessen Sie bitte nicht, ihm beim »Leben« zu helfen. Denn, wie sagt schon der Teufel (im *Faust*): Grau mein

Freund ist alle Theorie. Lassen Sie ihn schaffen und schöpfen, aber kümmern Sie sich um sein »irdisches« Glück, denn davon verstehen Sie mit Sicherheit mehr als er – und sei er noch so genial.

Lerne lieben, ohne zu leiden

Ich habe bis hierhin versucht aufzuschreiben, wie das so ist mit der Liebe; was Männer Frauen tun (auch antun) und umgekehrt; das Wie, das Warum und das Wann – bewußte und unbewußte Gründe dafür.

Vieles wird Ihnen ohnehin bekannt gewesen sein. Manches wird Sie provoziert haben, einiges amüsiert, das eine oder andere werden Sie mir nicht glauben, es wird Aha-Erlebnisse geben, auch vereinzeltes Wiedererkennen und Erinnern.

Vielleicht nehmen Sie sich irgendeinen Ratschlag oder Hinweis sogar zuHerzen, aber – so werden Sie jetzt vielleicht denken – wenn »die Liebe« nichts ist als ein Mißverständnis, wie kommen wir dann zum Verständnis, wie verhindern wir das Leiden an der Liebe?

Das Hauptproblem bei jeder Partnerschaft ist zweifellos die geglückte (oder eben die mißglückte) Mischung. Die Frage, ob »die Zwei« zusammenpassen oder nicht.

Es gibt liebesfähige Menschen und solche, die dazu mehr oder weniger unfähig sind; es gibt sexuell begabte und sexuell unbegabte (und damit meine ich nun nicht etwa die Beherrschung von möglichst vielen [artistischen] Stellungen oder die Kenntnis der erogenen Zonen).

Ich rede hier von starker oder schwacher Sexualität, von der Fähigkeit (oder eben Unfähigkeit) zur Leidenschaft – und vor allen Dingen rede ich von dem Unterschied zwischen Sex und Liebe, also zwischen Körper und Seele. Nämlich:

Sexueller Hunger ohne Befriedigung = Frustration
Sexuelle Befriedigung ohne Liebe = Kälte
Liebe ohne sexuelle Befriedigung = Hunger
Liebe ohne Gegenliebe = Unglück

Und woran zerbrechen fast alle Beziehungen (wenn nicht jetzt, dann irgendwann)?

Richtig: an Frustration, an Kälte, am Hunger nach Liebe oder nach Sexualität und am (ganz einfach) Unglücklichsein eines (zumindest eines) der Beteiligten.

Da sich für fast alles eine Formel aufstellen läßt, will ich das hier für Sie versuchen.

Gehen wir also von vier Grundtypen aus (Mischtypen bleiben aus Gründen der Übersichtlichkeit unberücksichtigt):

heißes Herz + starke Sexualität – Formel: hH + sS
heißes Herz + wenig Sexualität – Formel: hH + wS
kühles Herz + starke Sexualität – Formel: kH + sS
kühles Herz + wenig Sexualität – Formel: kH + wS

So – und jetzt versuchen Sie doch bitte, sich selbst einzuschätzen:

Wie wichtig sind Ihnen Gefühle? Wie wichtig ist Ihnen die Sexualität? Was überwiegt? Ist beides gleich stark in Ihrer Wunschwelt vertreten? Worauf könnten Sie (wenn nötig) leichter verzichten ?

Gut! – und jetzt versuchen Sie, Ihren Partner/Ihre Partnerin einzuschätzen. Wie ist also die Formel für Sie selbst? – Und wie ist die für Ihren Partner/Ihre Partnerin?

Nehmen wir einmal an:

hH + sS – hH + sS = herzlichen Glückwunsch, das ist der absolute Liebesrausch!

Wenn zwei Menschen aufeinandertreffen, die sowohl zu einer starken gefühlsmäßigen Liebe, wie auch zu einer ekstatischen Sexualität fähig sind, dann kann eigentlich nichts schiefgehen (außer dem, was im Leben sonst noch so schiefgeht...), es ist ihnen der Himmel auf Erden sicher (zumindest für einige Zeit – aber ach, »alle Lust will Ewigkeit«, sagt schon Nietzsche). Beide können lieben, sowohl mit dem Herzen als auch mit dem Körper – und beide wollen geliebt werden. Ja, das wäre also der Idealfall, aber der ist wirklich selten.

hH + sS – hH + wS = liebevoll und glücklich oder – liebevoll, aber unglücklich!
– Die beiden lieben sich heißen Herzens. Wenn er derjenige mit der starken Sexualität ist, sie aber weniger daran interessiert ist, so wird er dies (wahrscheinlich) ein Leben lang nicht bemerken, weil sie ihm ihr sexuelles Glück (das ihr so wichtig ja nicht ist) aus Liebe vorspielen wird.
– Die beiden lieben sich (ebenfalls) von Herzen. Da aber seine geringe Sexualität nicht ausreichend ist für ihre Bedürfnisse, werden sie beide erst leiden und sich dann trennen. (Siehe auch Hemingways *Fiesta*).

hH + sS – kH + sS = fängt gut an – geht schlecht aus!

Nach anfänglich rauschhaften Liebesnächten wird der/die auch mit dem Herzen Liebende irgendwann feststellen, daß seine/ihre Seele hungert, er/sie wird erkennen, daß er nicht »geliebt« wird, wird sich dann »nur« benutzt vorkommen und leiden.

hH + sS – kH + wS = funktioniert nie (mit einer Ausnahme)!

Diese Ausnahme gibt es allerdings wesentlich häufiger als man(n) annimmt, nämlich immer dann, wenn eine kluge, berechnende Frau einen Mann gefunden hat, der ihr alles (oder zumindest das meiste), was sie sich wünscht, bieten kann (das eine wünscht sie sich ja ohnehin kaum). Wenn sie eine gute Schauspielerin ist (und das sind sie fast alle), kann das sehr lange funktionieren; zumindest bis zur (für sie lukrativen) Scheidung oder bis sie ihn verläßt, weil sie einen »Besseren«, das heißt Reicheren oder Einflußreicheren, gefunden hat.

hH + wS – hH + wS = die ideale, unerschütterliche Liebe!

Zwei liebesfähige Menschen finden sich, sind aber beide sexuell wenig interessiert. Nun, sie werden glücklich sein, und es wird ihnen »eigentlich« nichts fehlen, sie haben ja das gefunden, was sie wollen: eine Übereinstimmung der Seelen und der Herzen – und sie werden sich (und das ist selten genug) auch kaum betrügen.

hH + wS – kH + sS = kann niemals »funktionieren«!

Der eine will Gefühl, Sex interessiert ihn kaum, der andere aber will Sex, Gefühle interessieren ihn nicht.

hH + wS – kH + wS = eine absolut unmögliche Verbindung!

Der eine will Gefühl (»Liebe«), der andere kann und will nicht lieben – am Sex sind sie beide nicht interessiert. Was also sollte die beiden zusammenbringen oder gar zusammenhalten?

kH + sS – kH + sS = Genuß ohne Reue!

Wenn zwei zur Liebe unfähige, aber sexuell stark interessierte Menschen aufeinandertreffen, dann hat das den (erheblichen) Vorteil, daß keiner der beiden dem anderen weh tun kann. Geht eine solche Beziehung auseinander, dann bleibt nur ein starkes Bedauern darüber, daß dieses problemlose Vergnügen ein Ende gefunden hat, aber keiner wird verletzt oder gar verzweifelt sein.

kH + sS – kH + wS = meist Ware gegen Geld!

Beide können und wollen nicht lieben. Der eine ist an Sex interessiert, der andere nicht. Das ist die klassische »Puff-Situation« (verzeihen Sie).

kH + wS – kH + wS = ideal für eine Konzerngründung!

Wenn zwei Menschen zusammenleben, die beide gefühlskalt sind und die zudem desinteressiert an der eigenen oder der Sexualität des anderen sind – ja, dann sind das wohl wirklich ideale Voraussetzungen, um (wenigstens) zusammen reich zu werden.

LEXIKON DER ALTERNATIV-MEDIZIN

278 außergewöhnliche Heilmethoden.

Heilpraktiker und Schulmediziner haben 278 außergewöhnliche Heilmethoden wiederentdeckt oder ganz neu entwickelt. Das Lexikon der Alternativmedizin stellt sie vor – ACEM-Meditation bis Zellulartherapie.

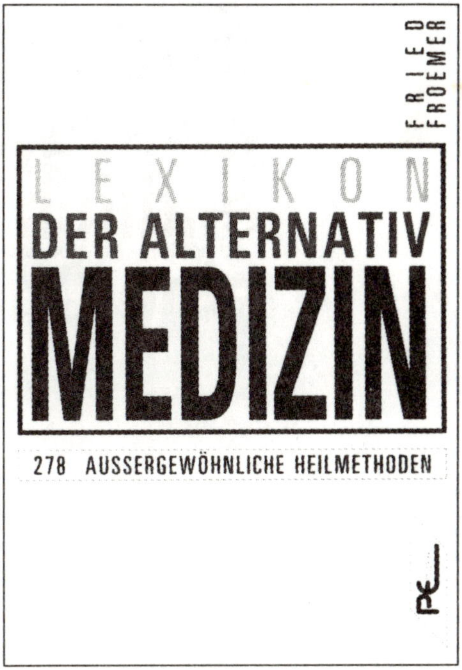

Etablierte Schulmedizin und uralte Erfahrungsmedizin haben die gleichen Wurzeln. „Alles ist Gift – es kommt auf die Dosierung an", lehrte schon Parcelsus, Vater der etablierten und der alternativen Heilkunst, vor mehr als 450 Jahren. Die Übersicht zu behalten, ist in der klassischen Medizin längst nicht mehr möglich. Für die zahlreichen Formen der Erfahrungsmedizin gilt das auch.
Dieses Lexikon will für Abhilfe sorgen – es beschreibt alle aus westlichen wie aus östlichen Traditionen überkommenen Therapien.

PE PETER ERD

geb., 220 Seiten • ISBN 3-8138-0225-6